本書は、昭和五八（一九八三）年刊行の『現代語訳親鸞全集1教行信証　上』第一刷をオンデマンド印刷で再刊したものである。

『教行信証』の読みかた

親鸞の主著『顕浄土真実教行証文類』、略して『教行信証』の内容は、原題のとおりほとんどが「文類」、すなわち引用文です。まず、親鸞の信心の根本の依りどころである経文（釈尊の言葉）が抜き書きされていて、それについての浄土教の祖師たちの、論および釈の主要な文章が列記されることにより体系を為しているのであって、親鸞自身の見解は、直接にはわずかしか添えられていないのです。直接には、というのは、これまでくり返し説明したことですが、親鸞にとって絶対の勅命であった弥陀の本願をはじめ、大切な引用文にかんしては、親鸞独自の解釈があります。親鸞はしかしそれを、独自の訳文の中で間接に示そうとしているからです。

有名な一例をあげますと、「信の巻」一三一頁には、「人間はすべて、自分の心に虚仮をいだいている。それゆえに、外に賢者・善人・精励者の相《すがた》をあらわしてはならぬ」という善導の教えが引用してあります。この原文は実は、文法どおりに読みますと、「内に虚仮をいだいて、外に賢者・善人・精励者の相をあらわすなかれ」となります。

善導は、念仏する人は阿弥陀さまにむかって、心の底からの誠意を披瀝しなさいと言っているのです。ところが、人間にはもともと誠意（まごころ）がないというのが親鸞の確信です。だから親鸞は、まごころなき人間は外にもかしこぶった姿を示したりしてはならぬ、ありのままの姿を阿弥陀さまに示しなさい、それが機の深信ないしは懺悔の姿であるという意味に訳し変えたのです。親鸞には、善導自身がそう教えているはずだという確信があったのでしょう。しかしこのような訳し変えの意味は、直接の説明がなければ、阿弥陀さまや親鸞自身が布教の対象とした一般の無学な凡人に、わかるはずがないでしょう。

親鸞はこのように『教行信証』においては、自分の信仰の独自性を赤裸々に示そうとしないのです。素顔を示そうとしないで、わかる者だけがわかればよいという態度でいるようです。理由はといえば、自分の信仰の独自性を率直に示せば、弥陀の本願をも右の善導の言葉をも、文法どおりに解釈して信じていた、大恩ある本師法然との対立が、明瞭に見えてしまうことになります。親鸞はそれを、できるだけ避けようとしたのだと私には思われます。

素顔が示されている言葉としては、

まことにしんぬ。かなしきかな愚禿鸞《ぐとくらん》、愛欲《あいよく》の広海《こうかい》に沈没《ちんもつ》し、名利《みようり》の太山《たいせん》に迷惑《めいわく》して、定聚《じょうじゅ》のかずにいることをよろこばず、真証《しんしょう》の証《しょう》にちかづくことをたのしまざることを。はづべし、いたむべし、と。(信巻一九二頁)

という痛切な懺悔や、

主上臣下《しゅじょうしんか》、法にそむき義に違《い》し、いかりをなしうらみをむすぶ。これによりて、真宗興隆《こうりゅう》の太祖《たいそ》源空法師《ほうし》、ならびに門徒《もんと》数輩《すはい》、罪科《ざいか》をかんがへず、みだりがはしく死罪につみす。(後序、下巻所収)

という直截《ちょくさい》な弾劾が、有名でよく引用されます。ことに後者は、地上の権力をものともしない自由主義者親鸞の真骨頂を示している大事な文章です。この中の「主上」の一語は、戦時中の版では真宗教団が自主的に削除したことがあります。地上の権力に屈伏せざるをえない教団の実相を知るために、銘記しておかなければならない事柄でもあります。

しかし、このように痛切で直截な真情を吐露した文章は、『教行信証』全体の中では、まれな例外でしかありません。しかもこれらの文章それ自体も、いわば裸のまま投げだされているのであって、前後に親鸞のくわしい説明や展開はありません。読む人は私と同様、ピアノの一つの鍵盤が突如として、思いきり強く叩かれているような印象を受けることでしょう。

理論面でも情念面でも親鸞の肉声のとぼしい『教行信証』は一見、無味乾燥な印象をあたえるものです。私自身が最初読んだ時は、冗長で退屈な感じがしました。私は教えの深さにしだいに眼をひらかれていったのですが、それはたとえば、「行の巻」八三頁の、

「阿弥陀仏が慈悲の眼でもって衆生をみそなわしておられるすがたは、平等であって一人子を思っておられるようである」。

という源信の引用文に接した時でした。

おなじ教えは「信の巻」一五五頁に引用されている『涅槃経』の、

「仏性は、一子地《いっしち》（一切衆生をひとしく一人子のように愛する境地）」と名づける。何をもってのゆえかといえば、一子地の境地に達したがゆえに、菩薩は一切衆生に対して平等の心を得て必ず仏となることができるゆえである。一切衆生もついには必ず一子地を得ることができるゆえに、『一切衆生悉有仏性』と説くのである。一子地は仏性である。仏性は如来である」

という言葉にも見られます。私は、大乗仏教の理念を凝縮しているこの「一子地」の教えにふれた時に、『歎異抄』あとがきにある、

弥陀の五劫思惟《ごこうしゆい》の願をよくよく案ずればひとへに親鸞一人《いちにん》がためなりけり。

という確信の意味が、はじめて判った気がしたのでした。「弥陀が五劫のあいだ考えて立てられた誓願をよくよく考えてみると、ただ親鸞一人のためである」というのは、一見独善的であつかましい確信のように思われます。では親鸞以外の一切衆生は本願の救いから洩れているのか、と反論したくもなるのですが、私は親鸞のこの確信が、「一子地」の教えにもとづいていたことを教えられたのです。阿弥陀さまは一切衆生をそれぞれに、一人子のように慈しみたもうのです。そうであるからには、弥陀の誓願はだれにとっても、その人ただ一人のためにあるのです。

論理的に、そのように説明できます。しかし論理的に説明されただけで、だれに「弥陀の誓願はただ親鸞一人のためである」といったような、確信にあふれた独自の肉声が吐露できるでしょう? 個に徹して、おのれに徹して弥陀の誓願と出会った者だけが語れるのです。唯円が書きとどめた親鸞のこの肉声にも、長い孤独な暗中模索をつづけた者の、自己発見の喜びがみなぎっているのです。

私はこのように、『教行信証』の「一子地」の教えを知ったことによって、右の親鸞の確信の意味を知ったのでした。同時に、私は右のような『歎異抄』の言葉を知っていたがゆえに、一見抽象的で無味乾燥な『教行信証』の引用文の深い意味——、第一に、おびただしい経・論・釈の中からこれらの引用文を選び出している親鸞自身にとっての、選び出さざるをえなかった深い意味が、わかった気がしたのでした。親鸞は、おのれ自身を救ってくれている「文類」を、私たちに指し示してくれているのです。この真意がわかれば、親鸞のみちびきによって弥陀の本願に出会った者に、長大な引用文の羅列を無味乾燥に読めるはずがありません。私自身、『教行信証』を反読しているうちに、しだいに惹きつけられてゆくようになったのです。

第四巻の「まえがき」でも述べたことですが、親鸞は自分自身の苦悩のごときに、何の重きも置いていなかった人でした。たとえ自分が愛欲の大海に溺れ、名利の高山に迷うばかりであって、煩悩がほろび去った開悟の境地に近づくことを楽しまず、それゆえに正定聚となったことすら喜ばなかったところで、人間にはありふれた、そして無意味な心の動きであることを、親鸞は知っていたのです。

顧みれば、釈尊が生きた古代インドも、親鸞が深く傾到した曇鸞が生きた中国南北朝も、いかなる人間の不幸もありふれた、惨澹たる弱肉強食の時代でした。私はその一端を『樹下の仏陀』という小説に書いてみたこともあるのですが、インドや中国といった大国の民衆の不幸は、たとえ日本人が鎌倉前期という飢饉と戦乱の時代に生まれあわせたところで、なお想像を絶するものがあると私は思います。いかなる悲惨もありふれている時代に生まれたがゆえに、仏教経典は個々の人間の不幸に重きを置かないのです。それらが抽象されて、たとえば「難度海（越えがたい煩悩苦難の大海）」という一語に結晶してしまっているがゆえに、経典の引用文の羅列が、一見無味乾燥な印象をあたえるのだと私は思うのです。

そして、自分自身をもふくめて、いかなる人間の不幸をもありふれたものと思い為している人間が、たとえば「一子地」という抽象語にふれて、そこに籠められている大乗仏教の慈悲に、心の底からゆり動かされることがあるのだと私は思います。

曇鸞は、浄土という架空の事柄にたいする自分の抽象的な思索を、どのような思いで続けていたことでしょう？　仏教がくり返し大迫害を受けた南北朝時代は、曇鸞が言う「五濁《ごじょく》の世、無仏の時」でした。中国では末法の世は、曇鸞が死んで十年後、五五二年に到来したと信じられておりました。僧たちはその時、せめて教えをこの世に残し伝えようとして、石に経文を刻みはじめました。石経の歴史は中国に数百年間つづくのですが、私は「難度海」や「一子地」といった抽象語を読むと、それらの文字を石に刻みつけていた僧たちの、鑿《のみ》の音が聞こえてくる気がします。彼らの眼に涙はとうに涸れ、心には仏教によって救われ（往相）、それゆえに仏教を世に残し伝え弘めようとする（還相）

者の歓喜がみなぎっていたはずですが、私は『教行信証』からも、おなじ鑿の音が聞こえてくる気がします。

現代語訳親鸞全集 第一巻

目次

第二巻目次

凡例

一、底本には金子大栄編『原典校註真宗聖典』（法蔵館刊）を用いた。
一、煩瑣な註は避け、できるだけ平明な文章にして、現代人に読みやすいように努めた。
一、註を要する語句には＊を付し、巻末にその註記を掲げた。註記についても、底本の註を参照した。
一、原文の割註は、〈　〉で示し、原文にない、訳者自身の註は（　）で示した。
一、難語句には、適宜ルビを付した。
一、経典等の原典名は、おおむね原文にならったが、すでに本文で明らかな場合は、略称や部分名を用いた。
一、各編の扉うらの解題については、底本によったが、旧漢字、および旧かなつかいは適宜改めた。

顕浄土真実教行証文類

けんじょうどしんじつきょうぎょうしょうもんるい

詳しくは『顕浄土真実教行証文類』という。「教行信証」「御本書」「御本典」「教行証」等とも称する。親鸞聖人が、本願の教法を聞信して、深く仏恩を感じ、経論釈の主要な文をあつめ、これに私釈をほどこして体系化されたもの。浄土真宗の教義の綱格を示された根本聖典であって、教巻・行巻・信巻・証巻・真仏土巻・化身土巻の六巻からなり、冒頭に総序、信巻の初に別序、化身土巻の終に後序を加えられる。

前五巻は真実の法を明かしたものであり、浄土に生まれてさとりをひらくこと（往相）も、浄土からこの世に還って教化の活動をすること（還相）も、悉くが如来の本願のはたらきによって与えられるものであること、即ち如来の廻向によることを示し、往相に、真実の教――大無量寿経、真実の行――名号、真実の信――信心、真実の証――滅度の四法があって、この教行信証の四法によって無上涅槃を証すれば必然に還相することを述べ、真仏・真土は、その証によって見られる仏と国土を明かしている。この真仏・真土は前の四法の根源となるものでもある。これに対して、化身土巻は、方便と邪偽との法を示し、それらの法を批判し、位置づけたものである。

その撰述年時に関しては、これまで一般には元仁元年（一二二四）宗祖が五十二歳の時、常陸稲田で著わされたといわれているが、近年、初稿は東国在住の時期に書かれたとしても、帰洛後改訂されたとする説が有力になっている。

顕浄土真実教行証文類序

けんじょうどしんじつきょうぎょうしょうもんるいじょ

愚禿親鸞述

愚禿にして釈尊の教えに帰依する私親鸞は、つつしんで思いみる、釈尊が『大無量寿経』に説きたもう阿弥陀仏の、人智をはるかに超絶した広大なる*誓願は、私たちすべてを、越えがたい煩悩苦難の大海を越えて、安楽の浄土にみちびきたもう大船であると。あらゆる生命の深奥にいたるまでをくまなく見通したもう阿弥陀仏の智慧の光明は、無知なる煩悩の暗黒を打破する日光であると。

かえりみれば釈尊が晩年にいたって、阿弥陀仏の広大なる慈悲と智慧とを証《あか》したもう機縁がついに熟した時に、かの天竺においては、釈尊にうらみを抱く*提婆達多《だいばだった》が、摩掲陀《まがだ》国の王子*阿闍世《あじゃせ》をそそのかして、父母の殺害という大罪をおかさせようとしたのであった。阿闍世の母*韋提希《いだいけ》は、わが子の振舞いを見て人間世界を強く厭離せんとし、そのための教えを釈尊に乞い求めた。釈尊はその時に、現世においていかなる仏道修行をも為しあたわぬ凡夫なるこの女性のために、親しく阿弥陀仏の大慈悲と大智とを説いて、このみ仏が造りたもう極楽浄土への往生をすすめ、往生のための手段を説きたもうたのであった。

摩掲陀国の都であった王舎城において、国王が王子によって殺され、王子をいさめた母みずからも一度は殺されようとし、後には幽閉されるにいたるという、人間世界最悪の犯罪が行なわれたゆえにこそ、釈尊ははじめて、いかなる愚痴無知の悪人をも容易に救いたもう阿弥陀仏の存在を証したもうた。釈尊が直接には韋提希に説きたもうた教えが、人間世界に広まることとなった。このような因縁を思えば、みずからは悪行をおかした提婆達多も阿闍世も、韋提希夫人やその夫*頻婆娑羅《びんばしゃら》王同様、煩悩に苦しむ者たちを救済するために出現したもうたみ仏の化身である。釈尊の大慈悲が、まさに無上の悪人をも、仏教を謗る者をも、仏教に縁なき者をも救おうとして、このような惨事を出現せしめられたのである。このような浄土教の成立の事情によってこそ、阿弥陀仏という、あらゆる功徳を円満したもうみ名そのものが、悪を転じて徳となす正しい智慧であると知られる。このみ仏が私たちに与えたもう、人智を超絶している金剛の信心が、疑いをはらって悟りを得させてくだされる真理であるとも知られるのである。釈尊が韋提希に説きたもうた浄土の教えこそ、いかなる凡人も*小乗の者も修めることができる真実の教えである。いかなる愚鈍の者も、たちまち悟りの境地にいたりうる近道である。大聖釈尊が一代の間に説きたもうた数多の教えとは、徳の海にも似たこの浄土の教え以外のものではなかった。それゆえに、この穢土を捨てて浄土に往生しようと願いながら、仏道修行にも信心にも迷って、心が暗く理解力もとぼしく、悪が重く障りも多い人びとは、ことに釈尊のおすすめを仰いで受け入れ、最も勝れたこの浄土の教えに帰依して、もっぱら「南無阿弥陀仏」ととなえ奉《たてまつ》り、ただただ阿弥陀仏が私たちに与えたもう信心を尊崇されよ。

ああ、いかなる人間をも浄土へ収めとりたもう阿弥陀仏の誓願の強いお力には、幾度《いくたび》生まれ変わろうとも二度と会いがたい。阿弥陀仏おんみずからが与えたもう真実なる信心は、億劫*の間生死をくり返そうと得られるものではない。今の世に生をうけて、たまたま「南無阿弥陀仏」の行と信とを得ることができれば、このみ恵みは、永劫無限の昔から積みかさねてきた仏縁のたまものであると喜ばれよ。それに反し、もし今の世においてなお阿弥陀仏にたいする疑いの網に覆われておれば、私たちはふたたび、無限の生死をくり返すのである。『大無量寿経』はまことに一切衆生を収めとって捨てたまわぬ真実のみ言葉である。世を越えた希有なる正しい教えである。これをよく聞きよく思えば、もはや信じることをためらいたもうな。

私親鸞はうれしくも、印度・西域につたわる聖典や、中国・日本の祖師たちのおん解釈に、会いがたくして今会うことができている。聞きがたいその真意を今聞きえている。私は浄土の真実の教えと修行と悟りとを敬い信じて、ことに釈尊の恩徳の深さを知った。私はそれゆえに聞きえたことを喜び、得られたものを讃嘆する。

目　次

顕浄土真実教文類一

けんじょうどしんじつきょうもんるい

愚禿親鸞が集める

顕浄土真実教文類一

愚禿釈親鸞が集める

大無量寿経　これが真実の教えであり、浄土の真の教えである

つつしんで浄土の真実の教えについて考えれば、この教えには二種類の廻向*がある。一つには往相《おうそう》の廻向であり、二つには還相《げんそう》の廻向である。そして往相の廻向について、真実の教えと修行と信心と悟りとがある。

その真実の教えを明らかにしているのは、すなわち『大無量寿経』である。

この経の大意は、一つには阿弥陀仏が世にすぐれた誓願をたてたまい、ひろく仏法の蔵を開いて、凡人や小乗の者たちをあわれみたまい、とくにこの者たちのために功徳の宝を施されたことを説くのである。二つには釈迦如来が世に出でたもうて仏道を説かれ、雑草にも等しい愚かなる衆生を救おうがために、とくに弥陀の慈悲を説いて真実の利益を与えようとされたことを説くのである。それゆえに、阿弥陀仏の本願を説くことをもって、この経典の本意とする。すなわち、「南無阿弥陀仏」の名号をもって、この経典の本体とするのである。

何ゆえに浄土の教えを説くことが、釈迦如来が世に出でたもうた最大の目的であると知りうるかと言えば、『大無量寿経』には、つぎのようにのたまわれている。

今日、説法の座にのぼりたもうた世尊（釈尊）のお顔にもお体にもよろこびが満ち、相《すがた》も肌色も清浄であって、お顔に光が満ち満ちている。そのお相《すがた》はまるで、明るい鏡が清らかで、裏面まで透きとおっているかのようである。威容は明らかに輝やき、この世の何ものをも限りなく超絶している。いまだかつてこのように殊妙なお姿を仰ぎ見たことがない。大聖阿難尊者*は、うなずきながら心中でつぶやいた。

「今日、世尊は奇特な相をしておられる。今日、世雄は仏の境地に安住しておられる。今日、世眼は人びとを教え導く者の行為をしておられる。今日、世英は最も勝れた仏道のなかにおられる。今日、天尊は如来の徳を行じておられる。過去・未来・現在のみ仏たちは、み仏とみ仏とのあいだで意を通じおうておられる。それゆえに、今この釈迦牟尼仏も、もろもろのみ仏たちと意を通じておられぬはずはない。そうでなければ、どうしてこのような威神の光を放ちたもうことがあろう」

そのとき釈尊は阿難尊者に告げて、

「もろもろの天人がそなたに教え、そなたを寄越して私に問わせるのか。それとも、自分の智慧の眼でもって、今日の私の威顔について自問しているのか」

とのたまわれた。阿難は釈尊に申しあげた。

「もろもろの天人が到来して、私に教えたのではありません。私自身の所見でもって、今日の釈尊の不思議なお姿の意味を訊ねたてまつるのです」

釈尊はのたまわれた。

「よいかな、阿難。そなたの問うところのものは、はなはだこころよい。そなたは深い智慧と真妙なる説法の才とを起こして、衆生をあわれもうとして、今日私にみなぎる独特の智慧の意味を訊ねている。私は何ものも覆うことのない慈悲でもって、欲界・色界・無色界という迷いの世界（三界）に住むものたちすべてをあわれむのである。私がこの世に出現したのは、仏道の教えでもってこの世を輝やき照らして群萠を救い、真実の利益をめぐもうと思ったゆえである。このような私の教えは、無量の億劫年のあいだ生死をくりかえそうと、会いがたく見がたいものである。それは、数千年に一度咲く*優曇華《うどんげ》の花に会うのにも似ている。そなたが今訊ねているところのものは、衆生に利益するところが多い。すべての天人や人民を教化することであろう。阿難よ、まさに知るべきである。私が悟りによって得た智慧ははかりがたいものであって、しかも衆生を導くところが多いのである。その智慧の眼は何ものによっても障害されず、妨害されることもない」〈以上〉

　また『大無量寿経』の別訳『*無量寿如来会《にょらいえ》』には、つぎのようにのたまわれている。

　阿難は釈尊に申して、

「世尊よ、私は如来の光瑞《こうずい》が希有であるありさまを見たてまつったがゆえに、この思いを起こしたのです。天人たちの導きによるものではありません」

と言上した。釈尊は阿難に告げたもうた。

「よいかな、よいかな。そなたは今こころよく訊ねた。仏の微妙な説法の能力をよく*見抜いて、真理より出できたった（如来）私に、真理（如是）の意味をよく問いたてまつった。一切の如来は悟りを開き、大慈悲心のなかに住んで群生《ぐんじょう》を利益しようがために、希有な優曇華のように、菩薩となってこの世に出現するのである。そなたは、そのことを知っているがゆえに、真理の意味を訊ねているのである。そなた自身がまた、もろもろの衆生をあわれみ、利益して楽しませんがために、よく私に真理の意味を問うているのである」〈以上〉

『大無量寿経』の別訳『*平等覚経《びょうどうがくきょう》』には、つぎのようにのたまわれている。

釈尊は阿難に告げたもうた。

「世の中には優曇華という木がある。実ばかりがなって、花の咲くことがない。この世に仏がおわしますのは、今、優曇華の花が咲き出たのに似ている。この世に仏がおわしますとはいえ、会うことを得るのははなはだむつかしい。今、私は仏となってこの世に現われ出たのである。*そなたは大いなる徳の持主であって、聡明であり、善心をそなえ、あらかじめ仏の意を知り、忘れることなく、つねに仏のかたわらにあって仏に仕えるのである。そなたは、今訊ねたところのすべてを、あまねく聞き、あきらかに聞くがよい」〈以上〉

*憬興師《きょうこうし》の『無量寿経連義述文賛』中巻には、つぎのように注解されている。

今日、世尊は奇特の相《すがた》をしておられる。〈これは神通の能力でもってあらわしたもうた相である。ただ単にいつもの相と異なるだけではなく、較べられるものがない〉今日、世雄は仏の境地に安住しておられる。〈もろもろのみ仏たちを同時に見る境地（普等三昧）に住んで、もろもろの魔王や鬼神をよく制圧しておられるゆえである〉今日、世眼は人びとを教え導く者の行為をしておられる。〈導師の行とは肉眼・天眼・慧眼・法眼・仏眼の五つの眼を獲得することである。衆生を導くのに、これにすぎるものがないゆえである〉今日、世英は最も勝れた仏道のなかにおられる。〈仏は*大円鏡智・*平等性智・*妙観察智・*成所作智の四種の智慧に住んでおられる。ひとり傑出しておられるさまは、等しいものがないゆえである〉今日、天尊は如来の徳を行じておられる。〈すなわち、*第一義天である。そこでは*仏性不空の義を悟るゆえである〉阿難よ、まさに知るべきである。如来の正覚は〈これはすなわち奇特の教えである〉その智慧の眼は何ものによっても障害されず、〈最も勝れた道であることを述べている〉妨害されることもない。〈すなわち如来の徳である〉〈以上〉

以上の経文と注解によって明らかに証明されているように、『大無量寿経』は真実をあらわす教えである。まことに釈迦如来が世に出たもうた真意を伝える正しい教えであり、最も勝れた奇特な妙《たえ》なる経であり、すべての者を同じように悟らしめる至極の法であり、最も早く悟りをひらかしめる、釈尊の金言である。ここに説かれてある「南無阿弥陀仏」の名号は、全宇宙の仏たちが称讃したもう誠の言葉であり、*末法濁世にふさわしい真実の教えである。このことをよく知るべきであると、右に引用した経典や注解は教えている。

顕浄土真実教文類一

（浄土真実の教をあきらかにする文類）

顕浄土真実行文類二

けんじょうどしんじつぎょうもんるい

顕浄土真実行文類二

第十七の諸仏称名の願　これが浄土へ迎え入れられる真実の行であり、あらゆる行のなかから選ばれた本願の行である

阿弥陀仏が私たちを浄土へ往生させてくださるために、何をその原因として廻向してくだされているか（往相廻向）をつつしんで考えてみれば、それは大いなる行であり、大いなる信である。私たちが浄土へ往生する原因となる大いなる行というの

は、すなわち「南無阿弥陀仏」と、*無礙光如来とも申しあげるこのみ仏の名をとなえることである。この行はもろもろの善き理法をふくみ、もろもろの徳の根本をそなえている。その功徳は、信心を得るものに速やかに、円満に満足せしめられる。これは、真理を悟った智慧の功徳をたたえた宝の海である。それゆえに、大いなる行と名づけるのである。

ところで、この行は、第十七の大悲の願より生まれ出ている。この願は、「あらゆるみ仏に阿弥陀仏の名号をほめたたえせしめたもう願（諸仏称揚の願）」と名づけ、また「あらゆるみ仏に南無阿弥陀仏と称えせしめたもう願（諸仏称名の願）」と名づけられる。また「あらゆるみ仏に阿弥陀仏をほめたたえせしめたもう願（諸仏咨嗟《ししゃ》の願）」と名づけられる。また「あらゆるものに往生の原因を与えようとの願（往相廻向の願）」と名づけるべきである。また「称名念仏を往生の原因とすると選びとりたもうた願（選択《せんじゃく》称名の願）」とも名づけるべきである。

諸仏称名の願とは『大無量寿経』に、つぎのように説かれている。

たとえ私が仏になることができるとしても、全宇宙の無数の仏たちがことごとくほめたたえて私の名をとなえなければ、私は仏にならない。〈以上〉

また、つぎのようにも説かれている。

私が仏道を成就するにいたれば、我が名号は全宇宙に響きわたる。もしも、どこかに私の名の聞こえぬところがあれば、私は誓う、仏にならない、と。私は衆生のために宝蔵を開いて、ひろく功徳の宝をほどこそう。つねに大衆のなかにあって、獅子《しし》のように雄々しく説法しよう。〈要を抄す〉

この第十七願が成就したことを証明する文章としては、『大無量寿経』につぎのように説かれている。

全宇宙の無数の仏・如来のすべてが、ともに無量寿仏の大いなる力とその功徳の不可思議さを讃嘆したもう。〈以上〉

また、つぎのようにも説かれている。

無量寿仏のすぐれた力はきわまりがない。全宇宙におわします無量無辺で数えきれないほど多くの諸仏如来が、無量寿仏を称嘆されないことはない。〈以上〉

また、つぎのようにも説かれている。

この仏の本願の力は、この仏の名を聞いて往生しようと思うすべてのものを、かの浄土にいたらしめ、おのずからもはや退かない位にいたらしめる。〈以上〉

『無量寿如来会』には、つぎのように説かれている。

私、法蔵菩薩は、いま世*自在王仏に対して、弘大なる誓いを起こした。これらの誓願が、私が無上の悟りをひらく原因となることを証明したまえ。もしこの四十八の誓願が実現しなければ、私は仏にならない。私は心の弱いものや仏道修行に耐えられないもののために、悟りをひらく原因をほどこそう。ひろく貧窮のものを救って、もろもろの苦をまぬがれしめ、世間を利益して安楽ならしめよう。〈中略〉私は最も勝れた偉丈夫（仏となる修行をなしおえて、貧窮のものたちのために、隠れた宝を掘り起こしてほどこそう。比較を絶する善き教えに満ち満ちて、大衆のなかにあって獅子のように雄々しく説法しよう。〈以上抄出〉

また、つぎのようにも説かれている。

阿難よ、法蔵菩薩はこの誓いを実現して無量寿仏となったゆえに、全宇宙の無量無数で数えることもできず、比較を絶して多く、はてしない世界にみちみちておわします諸仏如来が、みなともに無量寿仏がそなえておられる功徳を称讃したもうのである。〈以上〉

*『仏説諸仏阿弥陀三耶三仏薩楼《さる》仏檀過度人道経』には、つぎのように説かれている。

法蔵菩薩は第四番目に、「私は仏となったときに、私の名を全宇宙の無数の仏国に聞こえさせよう。すべての仏たちに、おのおのの僧たちのなかにあって、私の功徳によって造られた浄土の善さを説かしめよう。もろもろの天人も人間も、あるいは飛ぶ虫、這う虫にいたるまでも、私の名を聞いて心をなぐさめぬものはないであろう。私の名を聞いて踊躍《ゆやく》歓喜するものは、すべて私の国に来生せしめよう。私は、この願いをみたさんがために仏になるのである。もしこの願が実現しなければ、私は仏にならない」と願を立てたもうた。〈以上〉

『無量清浄平等覚経《しょうじょうびょうどうがくきょう》』の巻上には、つぎのように説かれている。

私が仏となったときは、私の名を全宇宙の無数の仏国に聞かしめよう。もろもろの仏たちは、それぞれ弟子たちのなかにあって、私の功徳によって造られた国土の善さを嘆賞するであろう。もろもろの天人も人間も地に這う虫のたぐいも、私の名を聞いて踊躍歓喜するものは、すべて私の国に来生せしめよう。もしこの願いが実現しなければ、私は仏にならない。

私が仏になったときは、他の仏国に住む人民のなかにあって、かつて私を誹謗するために私の名を聞いたものであれ、まさに仏道の成就を願って私の国に生まれようと願ったものであれ、すべてのものの命が終われば、*三悪道にかえらしめることなく、ただちに私の国に心の願いのとおり生まれるであろう。もしこの願いが実現しなければ、私は仏にならない。

阿闍世王太子と五百人の長者の子供たちは、無量清浄仏（阿弥陀仏）のこの二十四の誓願を聞いて、みんな大いに歓喜し踊躍して、ともに心中に、「私たちも仏になるときは、みんなが無量清浄仏のような仏になろう」と願った。

釈尊はそれをお知りになって、もろもろの僧たちに、

「この阿闍世王太子と五百人の長者の子供たちは、無量億劫年を経たあとで、すべてが無量清浄仏のような仏となるであろう」

と告げたもうた。釈尊はまた、

「この阿闍世王太子と五百人の長者の子供たちは、すべて無量の億劫年のながきにわたって菩薩の道を歩んでおり、おのおのが四百億の仏を供養しおえて、そのうえで今、私のもとにきたって供養しているのである。この阿闍世王太子と五百人の長者の子供たちは、すべてのものが過去世において*迦葉仏《かしょうぶつ》の時代に私のもとで弟子となったのである。今の世で、またともに会っているのである」

とのたまわれた。もろもろの僧たちは、釈尊のこの言葉を聞いて、ただちに心に踊躍し歓喜しないものはなかった。〈中略〉

このように仏の名を聞いた人は
心が安楽となって大いなる利益を得よう
われらもまた、この仏の徳を得よう

自分たちもそれぞれの国において浄土を得るであろう
阿弥陀仏は浄土に生まれたものたちに、そなたらは未来に必ず仏となるであろうと、
次のように予言される
「私は前世において本願をたてた
一切の人が私の教えを聞けば
すべてが私の国に来生しよう
私が願ったところのものをすべて身に具えよう
もろもろの仏国より往生を願うものは
みなことごとくわが国に来生せしめ
ここにおいて不退転の身とならしめよう」
十万億の国土を一瞬のうちにこえて
ただちに安楽の浄土に往生せよ
この無量の光明土にいたって
無数の仏を供養せよ
しかしその身に前世の功徳のないものは
私がいま説いたすばらしい経の名を聞くことすらできない

過去において清浄に戒を保ったものだけが
いまの世でこの正法を聞いて信じることができるのである
たとえ聞き得たとしても悪と憍慢と恣意と怠惰なるものは
この教えを信じることがむつかしい
しかし、過去世にあって仏に会うという功徳を積んでいるものが
いま仏の教えを喜んで聴聞している
仏の教えを聞くことができる人間に生まれることはまれである
仏が世におわしましても、その教えを聞くことはむつかしい
さらにその教えを信じることはなおむつかしい
もし仏に会い、仏の教えを聞くことがあれば精進して求めよ
この教えを聞いて忘れず
仏を見ては敬い、信心を得て大いによろこべば
そのものたちは私のよき親しき友である
それゆえに*菩提心を起こしたまえ
燃えさかる炎がこの世を覆いつくしていようと
その火中をものともせずくぐり抜けて教えを聞くことができれば

そのものも必ず仏となって
一切の生老死に迷う人びとを済度するであろう　〈以上〉
*曇無讖《どんむしん》三蔵の訳『*悲華経』の「大施品《だいせほん》」の二の巻に、つぎのように説かれている。
願わくば、私が無上の悟り（*阿耨多羅三藐三菩提《あのくたらさんみゃくさんぼだい》）を成就しおえたときに、全宇宙の無数の仏国土に住む衆生にあって、私の名を聞き、もろもろの善行を修めて、私の国に生まれようと思うものは、願わくばそのものが命をおえたあとで、必ず生まれることを得せしめよう。ただし、*五逆の罪を犯したものと、聖人を誹謗するものと、正法を破り廃壊《はいえ》するものとは除こう。〈以上〉

以上によって知られるように、阿弥陀仏の名をとなえれば、私たち衆生の一切の無知の闇はよく破られ、一切の願いはよく満たされるのである。称名はすなわち、最も勝れた、真実にして妙えなる正しい行である。正しい行はすなわち念仏である。念仏はすなわち、南無阿弥陀仏である。南無阿弥陀仏はすなわち、正しい信心である。これを知るべきである。

*龍樹菩薩の『十住毘婆沙論《じゅうじゅうびばしゃろん》』には、つぎのように説かれている。
ある人が、「*般舟三昧《はんじゅさんまい》および大悲を、諸仏がそこより生じそこに住まう家（境地）と名づける。この二つの法より、もろもろの如来が生まれる」と説いている。般舟三昧を父

とし、大悲を母としているのである。また、つぎに般舟三昧は父であり、*無生法忍《むしょうぼうにん》が母である、とする教えもある。『*助菩提《じょぼだい》』のなかに、「般舟三昧の父、大悲無生の母、一切のもろもろの如来は、この二つの法より生じる」と説かれているとおりである。

仏の家には欠けたところがないゆえに清浄である。*六波羅蜜《ろくはらみつ》・*四功徳処《しくどくしょ》を備えているがゆえに清浄である。*方便と*般若波羅蜜は仏の善行と智慧である。般舟三昧や大悲やさまざまな悟りなど、これらの法は清浄であって過ちのあることがない。それゆえに、「家清浄」と名づけるのである。*初地の菩薩は、これらの法をもって家とするがゆえに欠けるところがない。

「世間道を転じて出世上道にいる（世俗の凡夫の道から悟りを求める道に入る）」ということについていえば、「世間道」とは、「凡夫所行の道」と名づけられるものである。「*転」というのは休息（煩悩がやむこと）とも名づけられている。「凡夫道」というのは、どこまで行っても涅槃にいたることがない、つねに生死をくりかえす、それを「凡夫道」と名づけるのである。「出世間」というのは、この道によって迷いの世界を出ることができるがゆえに「出世間道」と名づけるのである。「上」というのは、妙であるがゆえに「上」と名づけるのである。「入」というのは、正しく道を行じるがゆえに「入」と名づけるのである。このように正しく道を行じることによって初地《しょち》（菩薩の最初の位）に入ることを「歓喜地」と名づけるのである。

問う。初地を何ゆえに「歓喜」と名づけるのであるか。

答う。菩薩の初地は、声聞の初果が最後には涅槃にいたることができるようなものである。菩薩がこの境地（初地）に到達すれば、心につねに歓喜が多い。自然に諸仏如来になってゆく種を大きくすることができる。それゆえに、このような人を「賢善者」と名づけることができる。

「声聞の初果が涅槃にいたるようなものである」というのは、人が*須陀洹道《しゅだおんどう》を得るのと同じである。すなわち、よく三悪道の門を閉じて、仏法を見て一切の煩悩を断じ、仏法に入って一切の理を悟り、仏法を得て真実の智慧と功徳を成就し、堅固にそのなかに住み、動揺することがなく、ついに涅槃にいたるのである。一切の欲望を滅するがゆえに、心は大いに歓喜する。この境地に達したものは、たとえ眠ったり怠けていても最後には必ず涅槃にいたるのである。たとえば一本の毛を百に裂き、その細い毛の一つでもって大海の水を汲みとるとしよう。すると、大海の水から、その小さな毛につく二、三滴の雫《しずく》が減ることになる。そのように*大海に似た煩悩の苦しみがなんら滅びることがないのに、二、三滴の煩悩を滅ぼすことができたことで、心が大いに歓喜するのである。

菩薩もこれと同じである。初地を獲得しおえたことを「如来の家に生まれる」と名づける。この菩薩を一切の*天や*龍や*夜叉や*乾闥婆《けんだつば》から*声聞《しょうもん》や*辟支《びゃくし》にいたるまでが、ともに供養しうやまうのである。何ゆえかといえば、「この家には欠けたところがない」ゆえである。それゆえに、「世間道を転じて出世間道に入る」のである。ひたすら成仏の定まったことを喜び、仏を敬って、ついには四功徳処を得、六波羅蜜の果報を得られよう。その果報の境地は、みずからの*仏性をいよいよ増長させるゆえに、心は大いに歓喜するのである。この菩薩にまだ残っている苦しみは、二、三の水滴にすぎない。菩薩はこれから百千億劫年の長時間を経て、ついに無上の悟りの境地を得るのであるが、その間に滅さなければならない苦しみは、大海の水のごとくであろうとも、それは、これまでくりかえしてきた生死のあいだに受けた苦と比較すれば、二、三の水滴のようなものである。それゆえに、この境地を名づけて「歓喜地」とするのである。

問う。この最初の歓喜地の境地に入った菩薩は、この境地のなかにあって「多歓喜」と名づけられるもろもろの功徳を得る。それゆえに歓喜を境地とするのであるが、*何らかのものに対して歓喜するのであろう。ここで菩薩が歓喜する対象は、どのようなものであるか。

答う。つねにもろもろの仏と、仏がそなえるすぐれた特質とを念じるのは、間違いなく希有の行である。希有の行を行なっているがゆえに、歓喜が多いのである。

このような歓喜の因縁があるゆえに、菩薩は初地のなかにあって心に歓喜が多いのである。「諸仏を念じる」というのは、*燃灯仏《ねんとうぶつ》らの過去の諸仏、阿弥陀仏らの現在の諸仏、*弥勒仏らの将来の諸仏を念じることである。つねにこのような諸仏世尊を念じれば、現に眼の前におわしますがようである。仏は三界の無上の存在であって、仏より勝れた人はいない。そのような無上の存在を念じるゆえに、歓喜が多いのである。諸仏のすぐれた特質を念じることについては、いまはさしあたり、特に仏だけにある四十の特質を説こう。一つには、自在に飛行が意のままである。二つには、自他ともに変化させる能力が無限である。三つには、すべての音や声を同時に聞き分けることが、自在であり妨げがない。四つには、智慧の力でもって自在に一切の衆生の心を知ることができる。〈中略〉「念必定《ねんひつじょう》のもろもろの菩薩」というのは、もし菩薩が無上の悟りを得ると仏に予告されれば、不退の位に入って無生・無滅の真如の理をさとる智慧を得る。千万億の魔の軍勢も、その境地を乱すことはできない。大悲心を得て菩薩の法を成就する。〈中略〉これを「念必定の菩薩」と名づけるのである。「希有の行を念じる」というのは、この必定の菩薩は、第*一希有の行を念じるのである。それゆえに心に歓喜が生じる。そのことは、一切の凡夫の及ぶことができないところのものである。一切の声聞や辟支仏の行じることができないところのものである。この菩薩は仏法の無*閡《むげ》解脱と*薩婆若智《さっぱにゃち》とを開示する。

また*十地のもろもろの所行の法を念じるゆえに、名づけて「心多歓喜」とするのである。それゆえに、菩薩が初地に入ることができれば「歓喜」と名づけるのである。

問う。凡夫のなかには、いまだに無上の仏道を願う心を起こさないものがいる。あるいは、起こすものがいても、歓喜地を得ない人がいる。その人が諸仏と、諸仏の大いなる法とを念じたり、必定の菩薩および希有の行を念じて歓喜を得ることがあるであろう。かかる凡夫の人と、初地を得た菩薩の歓喜とのあいだに、どんな差異があるであろう。

答う。菩薩が初地を得れば、その心に歓喜が多い。諸仏の量りがたい徳を、自分もまた必ず得られるからである。

初地を得た必定の菩薩は、諸仏を念じて無量の功徳を得ているのである。

私も必ず、このような功徳を得られるであろう。なんとなれば、私はすでにこの初地を得て、必定のなかに入ったゆえである。

ところが凡夫人には、こういう心がない。それゆえに、初地の菩薩には多くの歓喜が生じ、凡夫人には生じないのである。理由はといえば、凡夫人は諸仏を念じるとはいえ、「私は必ずまさに仏となるであろう」という念をなすことができないからである。この差異は、たとえば*転輪聖王の子息が転輪王の家に生まれて、しかも転輪王の相を具えるにいたり、過去の転輪王の功徳や尊貴を念じて、「私にも同じ相がある。私もまたきっと転輪聖王の豪富や尊貴を得るであろう」という思いをなしたとしよう。そのとき、心は大いに歓喜するはずである。もし転輪王の相がなければ、かかるよろこびがないのと同じである。必定の菩薩は、もし諸仏と、諸仏の大功徳や威儀や尊貴を念ずれば、「私にはこの相がある。必ず仏となることができよう」と思うのである。それゆえに、大いに歓喜するのである。凡夫人には、こういうことのあるはずがない。「定心《じょうしん》」というのは、深く仏法に入って心が動かないことを言うのである。

また、つぎのようにも説かれている。

「信じる力が増大する」とはどういうことであろう。師の教えを聞き、相《すがた》を見て、必ず受容して疑うことがなければ、増大と名づけるのである。殊に勝れたこととするのである。

問う。増大には二種類がある。一つには多い、二つには勝れている、ということである。いまの説はどれであるか。

答う。このなかには両者がふくまれている。菩薩が初地に入れば、もろもろの功徳の味わいを得るがゆえに、信じる力がますます増える。この信じる力をもって、諸仏の功徳が無量で深妙であることを思いはかり、よく信受するのである。それゆえに、初地の菩薩の心は多であり、また勝れているのである。深く大悲を行じようとするものは、衆生に対するあわれみが骨身をつらぬいているがゆえに、「深」と名づけるのである。一切衆生のために仏道を求めるがゆえに、「大」と名づけるのである。「慈心」は、つねに他者の利益になることを求めて衆生を安穏せしめる。慈には、三種がある。〈中略〉

　また、つぎのようにも説かれている。

仏法には無数の門がある。世間の道には難があり、易がある。すなわち陸路を歩むのは苦しく、水上の乗船は楽しいことに似ている。菩薩の道もこれと同じである。行につとめて精進するものがあれば、信心という容易《たやす》い方便の行によって、すみやかに*阿惟越致《あゆいおっち》（不退の位）にいたるものもいる。〈中略〉もし人がすみやかに不退の位にいたろうと思えば、恭敬心《くぎょうしん》をもってつねに名号をとなえよ。もし菩薩がその身のままで不退の位にいたることを得、阿耨多羅三藐三菩提（無上の悟り）を成就しようと思えば、まさに全宇宙の諸仏を念じるべきである。名号をとなえるのは、『*宝月童子所問経《ほうがつどうじしょもんぎょう》』の「阿惟越致品《ぼん》」のなかの説に説かれてあるとおりである。〈中略〉西方に善い国がある。そこにお住まいの仏の名を*無量明《むりょうみょう》という。身より放つ智慧の光は明らかであって、涯《は》てもなく輝やきわたっている。そのみ名を聞くものは、即座に不退転の位を得る。〈中略〉過去の無数劫というはるかなむかしに仏がおわしました。海徳と号しておられた。今の世のもろもろの仏は、みな海徳仏に従って願を起こしたのである、「その寿命は数えられるものではなく、照らす光明にはきわまりがなく、その仏国土は、はなはだ清浄であり、私の名を聞く者が必ず仏になるように」という願いである。〈中略〉

問う。ただ、この十仏の名号を聞いて心に保ちつづければ、即座に阿耨多羅三藐三菩提から退かない位につく。では、他の仏や菩薩の名を聞くものは不退の位にいたることができるのであろうか。

答う。阿弥陀仏などの仏およびもろもろの大菩薩のみ名をとなえて一心に念じれば、同じく不退転の位を得られる。阿弥陀仏などの諸仏をも、また恭敬礼拝してその名号をとなえるべきである。今は、まさに無量寿仏についてくわしく説こう。世自在王仏〈をはじめとする諸仏世尊〉は、現在、全宇宙の清浄世界におわしまして、すべてが阿弥陀仏の名をとなえ、憶念しておられることは先に述べたとおりである。阿弥陀仏が言われるには「もし人があって私を思い、名をとなえておのずから帰依すれば、すみやかに必定に入って阿耨多羅三藐三菩提を得るであろう」と。それゆえに、つねに阿弥陀仏の本願を思いつづけよと言われる。阿弥陀仏を、偈をもってたたえよう。

無量光明慧《こうみようえ》なる阿弥陀仏の
身は純金の山のように高く秀いでている

私はいま身・口・意のすべてをささげ
合掌し頭を地につけて礼拝したてまつる　〈中略〉

人このみ仏の
無量の力の功徳をよく念じれば
たちまちにして必定に入る
それゆえに私はつねに念じたてまつる　〈中略〉

もし人が仏になろうと願って
心に阿弥陀仏を念じたてまつれば
ときに応じて私のために姿をあらわしたもう
それゆえに私は

かのみ仏の本願力の勅令に従い、命をゆだねる
全宇宙のもろもろの菩薩も
このみ仏のもとにきたって供養し法を聞く

それゆえに私は頭を地につけて礼拝したてまつる　〈中略〉

もし人が善の根をうえても
疑惑におちいれば花は開かない
清浄なる信心を得たものは
花が開いて仏を見たてまつる

全宇宙に現在おわしますみ仏は
さまざまないわれを説いて
かのみ仏の功徳を嘆じたもう
私はいま帰命し礼拝したてまつる　〈中略〉

かの八聖道*の船に乗って
よく煩悩の苦海をわたってゆかれる
みずからわたり、衆生もわたしてくだされる
私はこの自在人に礼拝したてまつる

諸仏が無量劫の長きにわたって
その功徳を称讃しようと
なおつくすことはできない
この清浄人に帰命したてまつる

私もまた諸仏と同様
阿弥陀仏の無量の徳を称讃する
この讃嘆の福徳を因縁として
願わくば阿弥陀仏よ、つねに私のことをみそなわしたまえ　〈抄出〉

*天親菩薩の『浄土論』には、つぎのように説かれている。

私は真実の功徳が説かれてある
経典にもとづいて
本願をたたえ、歌（偈）をつくり、
み仏の教えに応えようとしました

阿弥陀仏の本願のお力を知れば
これに出会ってなおむなしく救いから漏れる者はありません
私たちの心はたちまち
功徳の大宝海に満たされるのです

また、つぎのようにも説かれている。

菩薩は仏となるべき*五種の修行の内、四種の門に入って自利（自分を仏にする）の行を成就したもうたと知るべきである。菩薩は第五門によって、他者を利益する（仏にする）廻向の行を成就したもうたと知るべきである。なぜなら菩薩は、このように五門の行を修めて、自身の悟りと他者を悟らしむることを完成して、すみやかに完全なる仏の悟りを成就することを得たもうたゆえである。〈抄出〉

*曇鸞《どんらん》和尚の『浄土論註』には、つぎのように説かれている。

つつしんで龍樹菩薩の『十住毘婆沙論』について考えるのに、「菩薩が不退の位を求めるのに二種の道がある。一つには難行道、二つには易行道である」と説かれている。「難行道」についていては、今の五濁《ごじょく》の世・無仏のときにおいて、不退の位にいたるのはむつかしいとされる。このむつかしさには、さまざまな種類がある。今はその五つほどをあげて、困難の意味を説明しよう。一つには、仏教以外の教えが善に似た邪法を説くことによって、菩薩が惑わされて本来修すべき行が判らなくなり、菩薩の行を修行しなくなってしまう。二つには、声聞のような自分の悟りのみを考え、それで良しとする利己的な考えがあって、大慈悲心を起こさせなくする。三つには、反省心のない悪人が他人の勝れた徳を破る。四つには、人間や天人のわずかな福徳をもたらす善行が、真実の悟りを得るための清浄の行を破壊する。五つには、自力の修行は他力に支えられない。これらの難は、つねに眼にしているとおり疑いようのない事実である。この難行道は、陸路の歩行が苦しいのに似ている。

「易行道」とは、ただ仏を信じる因縁によって浄土に生まれようと願うことである。仏の願力に乗って、すみやかにかの清浄の国土に往生を得るのである。仏力に支えられて、すみやかに、仏となることが正しく定まる大乗菩薩の一人となる。正しく定まるとは不退の位のことである。以上のような易行道は、たとえば水上を船に乗って行くのが楽しいのに似て、たやすく悟りをひらくことができる。この『無量寿経優婆提舎《うばだいしゃ》（『浄土論』）』は、けだし大乗仏教の中の無上の教えであり、人びとに不退の位を得せしめることが、順風を受けた帆船のように速くたやすい教えである。「無量寿」は、安楽浄土の如来の別名である。釈迦牟尼仏は王舎城および舎衛《しゃえ》国におわしまして、大衆のなかで無量寿仏の荘厳と功徳を説きたもう。すなわち、この仏の名号をもって経の本体とするのである。後に生まれた聖者婆藪般頭《ばそばんず》菩薩（天親菩薩）は、如来大悲の教えをよく心に入れて、『経』によって『願生《がんしょう》の偈《げ》』をつくった。〈以上〉

　また、つぎのようにも説かれている。

　仏のみ心に相応した偈を作るという天親菩薩の願いは、軽いものではない。もし阿弥陀仏がその大いなるお力を加えられなければ、どうして偈が完成できよう。天親菩薩は神力の加護を請い求められたゆえに、『願生の偈』の最初に「世尊よ」と仰いで申しあげられたのである。つづく「我一心」というのは、天親菩薩がみずからに信心を勧めうながした言葉である。その意味は、無礙光如来を念じたてまつって安楽の浄土に生まれようと願い、この願心のみを持続せしめて、他の思いをまじえないことである。〈中略〉「帰命《きみょう》尽《じん》十方《じっぽう》無礙《むげ》光如来《こうにょらい》」の「帰命」とは礼拝門であり、「尽十方無礙光如来」は讃嘆門である。ところで帰命は意業（心の行為）であり、身業の礼拝とは同じではない。にもかかわらず「帰命は礼拝である」と何ゆえに言えるかといえば、龍樹菩薩が阿弥陀仏の讃をつくられたなかで、礼拝について「稽首礼《けいしゅらい》」と言い、あるいは「我帰命」と言い、あるいは「帰命礼」と言っておられるからである。また『浄土論』の散文編のなかでも「五念門を修する」と言われている。礼拝は五念門の第一である。天親菩薩はすでに往生を願われた。どうして阿弥陀仏に礼拝されないことがあろう。それゆえに、「帰命はすなわち礼拝である」と知られるのである。

ところで礼拝とは、ただ恭敬の意思の表明であって、必ずしも帰命ではない。一方、帰命は礼拝をふくむのである。これより推察すれば、礼拝より帰命のほうが重い。『願生の偈』は天親菩薩おんみずからの心の表明である。帰命というのがふさわしい。『浄土論』のなかに『願生の偈』の意味を解釈しておられるさいにも、ひろく礼拝について語っておられる。韻文と散文の意味がおぎないあって、いよいよ明らかにされている。

「尽十方無礙光如来は讃嘆門である」と言われるが、帰依する仏の名がどうして口業《くぎょう》(言葉の行為)の讃嘆門であると言えるかといえば、後の散文編のところで、「讃嘆とはどういうことかといえば、かの如来のみ名をとなえるのである。それはかの如来の智慧の光明と無礙光というみ名と、それらの内実とにふさわしく修行しようと思うからである」と説かれている。〈中略〉天親菩薩はいま「尽十方無礙光如来」と仰せられた。これはすなわち、かの如来のみ名によって、かの如来の智慧の光明にかなうように讃嘆するがゆえである。それによって、「この句は讃嘆門である」と知られるのである。「願生安楽国」の一句は作願《さがん》門(願を起こす)である。天親菩薩の帰命の意思の表明である。〈中略〉

問う。大乗の経典や論の諸方に、「衆生は、究極において実体はなく、生まれても滅びてもいない。すなわち無生であって虚空のようである」と説かれている。どうして天親菩薩は「願生(生まれることを願う)」と言うのであろうか。

答う。「衆生は無生であって虚空のようである」と説かれていることには二種類がある。一つには、凡夫が自分たちは実体であると思っているのと同様に、実体なる命が生きて死んでいくと思いこんでいる。そのような実体はないのである。それは亀の毛のごときまぼろしであり虚空である。二つには、あらゆる存在は因縁(直接の原因と間接の条件)によって生まれているゆえに、本来の相《すがた》は不生であって(もともとある実体が生まれ出ているのではない)、すべてのものが実は生まれていないのは、虚空のような状態に等しいのである。

天親菩薩が「浄土に生まれることを願う」と仰せられたのは、この因縁の意味である。因縁の意味であるゆえに、かりに「生」と名づけるのである。一般の凡夫が、人間は実体としてあり、実体なる命が生きかつ死んでゆくと思いこんでいるような意味で言われているのではない。

問う。無実体なるものには、「往」も「去」もないはずである。にもかかわらず、どうして「往生」と説くのか。

答う。この仮りの世に、仮りの命を生きて五念門を修するとしよう。先の念は後の念の因となる。仮りに穢土に生まれたものが、五念門を修したことによって仮りに浄土に生まれるのであるが、両者は同一であるとも、異なっているとも決定できないのである。前の心とその後に起こる心の関係も同様である。何故《なぜ》かといえば、もし同一であれば因果の関係はないのである。もし異なっておれば連続していることにはならない。これは不一・不異の道理を観察する法門であって、『*中論』等のなかにくわしく述べられている。以上でもって、五念門のうちの『願生の偈』第一行にうたわれている三念門を解釈しおえた。〈中略〉

天親菩薩は『願生の偈』の第二行で、

我依修多羅《がえしゅたら》　真実功徳相《しんじつくどくそう》　説願偈総持《せつがんげそうじ》　与仏教相応《よぶつきょうそうおう》

（私は真実の功徳が説かれてある経典にもとづいて、本願をたたえ、歌（偈）をつくり、み仏の教えに応えようとしました）

とうたわれている。〈中略〉

私たちは「何に依るのか」「何ゆえに依るのか」「どのように依るのか」と言えば、まず「何に依るのか」は、私たちは経典に依るのである。「何ゆえに依るのか」は、如来はすなわち真実の功徳であるゆえに、それに依るのである。「どのように依るのか」は、五念門を修めて仏の教えにふさわしく修行するのである。〈中略〉

「経典（修多羅）」とは、十二種類に分類される経典（*十二部経）のなかの、釈尊が直接お説きになったものを修多羅と名づける。*四《し》阿含《あごん》や*経・律・論の三蔵などのほか、大乗の諸経をまた「修多羅」と名づける。いまここで「経典による（依《え》修多羅）」というのは、三蔵のほかの大乗経典を言うのである。『阿含経』などの経典ではない。

「真実の功徳」ということについて言えば、一般には二種類の功徳がある。一つは、煩悩の心より生まれて法性にかなわない功徳である。いわゆる凡夫や天人などのもろもろの善や、人間や天人が受けるその果報は、原因も結果もすべて法にたがい、さかしまなるものであり、すべてが虚偽である。それゆえに、これを「不実功徳」と名づけるのである。二つには、法蔵菩薩の智慧や清浄の行より起こった浄土の荘厳は、すべて衆生を救うという仏の働きをするのである。これは法性に従うがゆえに清浄である。この法は顛倒せず虚偽ではない。それゆえに、「真実功徳」と名づけるのである。何ゆえに顛倒していないかと言えば、法性に従って*二諦に順じているがゆえである。どうして虚偽でないかと言えば、衆生を収めとって絶対の清浄の境地にいたらしめるがゆえである。

「説願偈総持、与仏教相応」の「持」とは、散らさず失わないという意味である。「総」とは、少のなかに多を摂《おさ》めることを言う。〈中略〉「願」とは「往生を欲してよろこぶ」ことである。〈中略〉「与仏教相応」とは、たとえば箱と蓋《ふた》が合うようなことである。

〈中略〉

どのように廻向するかと言えば、天親菩薩は『浄土論』の散文編のなかで、「苦しみ悩むすべての者を捨てたまわず、心につねに願って、衆生にたいする廻向を第一として大慈悲心を完成したもうたゆえである」とのたまわれている。廻向には二種類の相がある。一つは往相、二つは還相である。「往相」とは、阿弥陀仏がご自身の功徳をもって一切衆生にほどこし、願を起こしてともに阿弥陀仏の安楽浄土に往生せしめたもうことである。〈抄出〉

*道綽《どうしゃく》和尚の『安楽集』には、つぎのように説かれている。

『観仏三昧経』に、つぎのようにのたまわれている。

釈尊は父の王（浄飯王《じょうぼんおう》）にすすめて、*念仏三昧を行ぜしめたもうた。父の王は釈尊に、

「仏道の果報の徳は、*真如実相《しんにょじっそう》や*第一義空を悟ることであります。あなたは私という弟子に、どうしてこれを修行させてくだされないのでしょう」

と言上した。釈尊は父の王に、

「諸仏が果報によって得られた徳は、無量の深妙の境界であって、神通自在なる解脱の境地であります。これは凡夫が求めて得られる境界ではないゆえに、私はあなたにすすめて念仏三昧を行なわせたてまつるのです」

と告げたもうた。父の王は釈尊に、

「念仏の功徳はどのようなものですか」

と訊ねた。釈尊は父の王に、

「方四十由旬《ゆじゅん》*に及ぶ広大な伊蘭林《いらんりん》のなかに一本の牛頭栴檀《ごずせんだん》があります。その芽がまだ土のなかから出現しないあいだは、伊蘭林はくさいばかりで、香ばしいことはありません。もしその花や実を口にすれば、狂い死にしてしまうのです。ところが、そのなかに栴檀の芽がようやく成長し、わずかに樹になろうとすれば香気はさかんであって、林の匂いを完全にうるわしい香りに変えてしまうのです。見る衆生は、すべて希有の心を起こすのですが、念仏もこの栴檀に似ています」、釈尊はさらに、「一切衆生が生死のなかにあって念仏の心を具えるのも、これと同じです。ただよく思いをつないでやめることがなければ、必ず阿弥陀仏のおん前に生まれるのです。ひとたび往生を得れば、即座に一切の諸悪が改変されて大慈悲を成就することは、かの栴檀の香樹が伊蘭林を改めるようなものです」

と告げたもうた。

ここで言われる「伊蘭林」とは、衆生が体内にたたえる三毒*や三障*や無辺の重罪のたとえである。「栴檀」というのは、衆生の念仏の心のたとえである。「わずかに樹となろうとすれば」というのは、一切の衆生がただよく念仏を積んで絶えることがなければ、浄土往生の行為が成就するということである。

問う。一人の衆生の念仏の功徳をはかることによって、一切が知られよう。一度の念仏の功徳の力が、よく一切の障害を断じてしまうことが、どうして、一本の香樹が広大な伊蘭林を改変して、うるわしい香りにつつむことにたとえられるのであろう。

答う。もろもろの大乗経典によって、念仏三昧の功能の不思議なさまを明らかにしよう。どのようにかと言えば、『華厳経』*に説かれてあるとおりである。たとえば人が獅子の筋をもって琴の絃とすれば、一度ひいただけで他の絃のすべてが断ち切られてしまうようなものである。もしも人が菩提心を抱いて念仏三昧を行じれば、一切の煩悩も一切の障害も、すべて断滅するのである。また、人が牛や羊や驢馬《ろば》などすべての動物の乳をしぼりとって器に入れ、そこに獅子の乳の一滴を入れれば、ただちに浸《し》みわたって、一切の乳がすべて破壊し変じて、清水に変わってしまうようなものである。そのように人がただよく菩提心を抱いて念仏三昧を行じれば、一切の悪魔の群れや障害のなかを無事に、すみやかに通過してゆくのである。

また、この『経』には、つぎのように説かれている。「たとえば人があって、すがたを隠す薬をもって処々を遊行すれば、他の通行人はその人を見ることができない。もしよく菩提心を具えて念仏三昧を行じれば、一切の悪鬼も一切の障害も、この人を見ない。どこへ行こうと妨げられることはない。何故かと言えば、よくこの念仏三昧を念じるのは、すなわち一切の三昧のなかの王であるゆえである」

また、つぎのようにも説かれている。

『大智度論』*のなかに、つぎのように説かれてあるとおりである。「念仏三昧以外の三昧も、三昧ではないということではない。ただ念仏三昧が最もすぐれている。何故かと言えば、ある三昧はただよく貪《むさぼ》りを除いて、瞋《いか》り・癡《ち》を除くことができない。ある三昧はただよく瞋りを除いて、癡・貪を除くことができない。ある三昧はただよく癡を除いて、瞋りを除くことはできない。ある三昧はただよく現在の障害を除いて、過去・未来の一切の障害を除くことができない。もしよくつねに念仏三昧を修めれば、現在・過去・未来の一切の障害を問題とせず、すべて除くのである」

また、つぎのようにも説かれている。

曇鸞の『讃阿弥陀仏偈』*に、つぎのように説かれている。「もし阿弥陀仏の徳号を聞いて歓喜讃仰し、心から帰依すれば、ただ一度の念仏によっても大いなる利益を得る。すみやかに功徳の宝を身に具えるとされる。たとえ大千世界*のすべてに火が燃えさかっていようと、即座に通過して仏のみ名を聞かれよ。阿弥陀仏の名を聞けば、ふたたび退転することはない。それゆえに、心をいたして稽首し礼拝したてまつる」

また、つぎのようにも説かれている。

また、『*目連所問経《もくれんしょもんぎょう》』に説かれてあるとおりである。釈尊は*目連に告げたもうた。「たとえば長大なるよろずの川に草木が浮かんで、前は後ろを見ることもなく、後ろは前をみることもなく流れのままに流れて、すべてが大海に入って出会うがようである。人の世もまた同様である。豪貴・富楽・自在なる境遇に住むものがいるとはいえ、だれもが生老病死をまぬがれることはできない。ただ仏の経典を信じなかったことにより、のちの世に人と生まれて、いま以上の苦を受け、千仏のおわします国土に生まれることができないのである。私はそれゆえに、往きやすく、悟りやすい無量寿国を説く。にもかかわらず、念仏をとなえて往生することができず、かえって*九十五種の邪道につかえる者たちがいる。私はこの種の人を眼なき人と名づける。耳なき人と名づける」と。経教にすでにこのように説かれている。どうして難行道を捨て、易行道によらないのであろうか。〈以上〉

光明寺の*善導和尚は『往生礼讃』に、つぎのように説かれている。

また、『文殊師利所説摩訶般若波羅蜜経《もんじゅしりしょせつまかはんにゃはらみつきょう》』に説かれてあるとおりである。「一行三昧の意義を証《あ》かそうと思う。ただすすんで一人で無人の閑所に住み、もろもろの乱れ心を捨てて、心を一仏にかけて、その相《すがた》を観想しようとはせず、もっぱら名字をとなえれば、ただちにこの念仏のさなかにおいて、かの阿弥陀仏および一切の仏・菩薩などを見たてまつることができる」ということである。

問う。観察行*をなさず、直接にもっぱら名字をとなえるというのは、どういう意味があるのか。

答う。今の世の衆生は障りが重い。観察の境界は微妙であるにもかかわらず、衆生の心は粗雑である。心はうわずり、散乱しており、観察が成就しがたいゆえである。それゆえに、釈尊はあわれみたもうて、直接にすすめてもっぱら名字をとなえさせられるのである。まさしく容易《たやす》い称名によるがゆえに、これをつづければすみやかに浄土に生まれるのである。

問う。すでにもっぱら一仏だけをとなえさせられるのに、何がゆえにあまたの仏・菩薩などが相《すがた》をあらわされるのであろう。これは正しい観察と邪まなる観察とがあいまじわるがゆえに、一仏のほかに他の仏・菩薩もまじって出現するのではないのか。

答う。仏たちは同一の悟りのなかにおられるのであり、かたちに相違はない。たとえ一仏を念じて他仏を見ようと、なんの大道理にそむくことがあろう。また『観無量寿経』に、つぎのように説かれてあるとおりである。「すすめて坐観や礼拝や念仏などを行じさせる。行者がすべて顔を西方に向けるのは、最も勝れたことである。樹が先端から傾いて倒れるさいに、必ず曲った方向に従うようなものである。それゆえに、なにか障害があって西方に向うことができなければ、西に向う思いをするだけでもよい」

問う。すべての仏が法身*であれ、報身*であれ、応身*であれ、すべて同じ悟りをひらかれ、その慈悲や智慧が円満しているさまも相違はない。それゆえに、どの方向におわしますみ仏に対してでも礼拝し念仏し、教えられたようにとなえれば、同じように浄土に生まれることができるであろう。何ゆえにひとえに西方浄土を嘆称して、もっぱら阿弥陀仏に対して礼拝や念仏などをすすめるのであろう。これはどういう理由があるのか。

答う。諸仏の悟りを開かれたところは平等であって同一である。しかしそれぞれの仏が立てられた願や行なわれた修行についてみれば、独自の因縁がないわけではない。弥陀世尊は、もと法蔵菩薩の身でおわしましたときに深重の誓願を起こしたまい、光明と名号をもって全宇宙の衆生を収めとり教化されたのである。ただ信心を得、信心によって念仏すれば、上《かみ》は生涯にわたって念仏をとなえつづけるものも、下《しも》はわずか十声や一声の念仏をとなえるものも、すべてがこの仏の願力によって容易に浄土へ往生できる。それゆえに、釈尊および諸仏が西方に向うことをすすめておられる。それが特別の本意（別異）ということの意味である。他の仏を念じ、み名をとなえて障害を除いたり、罪を滅することができないということではない。もしよく右に説かれているように、念仏をとなえつづければ、命が終わるときに、十人が十人とも、百人が百人とも浄土に生まれると知るべきである。何ゆえかと言えば、さまざまな煩悩に惑わされず、正しい念仏を得たゆえであり、阿弥陀仏の本願と相応するゆえであり、釈尊の教えにたがわないゆえであり、み仏たちの言葉に従っているゆえである。〈以上〉

また、つぎのようにも説かれている。

ただ念仏の衆生をみそなわして、摂取してお捨てにならぬゆえに、阿弥陀と名づける。〈以上〉

また、つぎのようにも説かれている。

弥陀の智慧のみなぎる願いの海は、深く広大であって涯《はて》は底もない。み名を聞いて往生しようと思えば、みなことごとくかの国にいたる。たとえ大千世界に炎が満ち満ちていようと、ただちに突き進んで仏のみ名を聞け。み名を聞いて歓喜し讃嘆すれば、みなまさしくかの国に生まれることができよう。末法一万年の世がすぎて仏・法・僧の*三宝が滅びようと、浄土の教えだけはなお百年の間存続するのである。そのときに教えを聞いて、ただ一度念仏するものも、みなまさしくかの国に生まれることができる。〈抄を要す〉

また、つぎのようにも説かれている。

私は生死に迷う凡夫であります。罪障が深重であって、現に今、六道に輪廻しております。苦しみは言うべからざるものがあります。私は今、釈尊という善知識*に会って弥陀本願の名号を聞くことができました。一心に称念して往生を求願《ぐがん》します。願わくば仏の慈悲が根本弘大の誓願をお捨てにならないのであれば、この弟子を収めとってください。〈以上〉

また、つぎのようにも説かれている。

問う。阿弥陀仏の名をとなえて念仏し、礼拝し、観察して、現世にいかなる功徳や利益があるのか。

答う。もし一声でも南無阿弥陀仏ととなえれば、即座に八十億劫年の生死のあいだ重ねてきた重罪をよく除滅するのである。礼拝や観想や讃嘆や供養などの行もこれと同じである。『十往生阿弥陀仏国経』には、「もし衆生がいて阿弥陀仏を念じて往生を願えば、この仏は即座に二十五体の菩薩をつかわして、行者を擁護したもう。行者が立っていても、坐っていても、起きていても、寝ていても、昼であれ、夜であれ、一切の時、一切の処で悪鬼・悪神が妨害をする隙《すき》を与えないようにしてくだされる」と説かれてあるとおりである。

また、『観無量寿経』に、「もし阿弥陀仏の名をとなえ、礼拝し心に念じて、かの国に往生しようと願えば、この仏は即座に無数の*化仏や無数の*化観音および*勢至菩薩をつかわして行者を護念したもう」と説かれてあるとおりである。

また、さきの二十五体の菩薩などと百重千重に行者のまわりをとりかこんで、行住坐臥、一切の時と処において夜昼をとわず、つねに行者を離れたもうことがない。今すでに、このように勝れた利益がおわします。これを頼むべきである。もろもろの行者たちよ、願わくば、おのおの真心をつくして極楽往生を求められよ。

また、『大無量寿経』に、「たとえ私が成仏できるとしても、全宇宙の衆生が私の名号をとなえて、わずか十声から一声にしかいたらぬものでも、私が造った国に生まれなければ、私は仏にならない」と説かれてあるとおりである。この仏は今、現におわしまして成仏しておられる。まさに知るべきである。弥陀の根本・重大なる誓願は虚しくない。衆生がとなえて念仏すれば、必ず往生できるのであると。

また、『阿弥陀経』に、「衆生があって阿弥陀仏についての説法を聞き、ただちに名号を固く保持して一日でも二日でも、または七日の間、一心に仏をとなえて乱れることがなければ、命が終わらんとするときに、阿弥陀仏がもろもろの聖衆とともに出現して眼の前におわしますであろう。この人は臨終のさいに心が倒錯せず、ただちにかの国に往生できよう。釈迦牟尼仏は＊舎利弗《しゃりほつ》尊者に、私はこの利益をみるがゆえに、この教えを説くのである。もし衆生がいて、この教えを聞くものは、まさに願を起こし、かの国に生まれようと願え、と告げたもうた」と説かれてあるとおりである。

そしてそのあとでは、「東方におわしますガンジス河の砂数にも等しい数多のみ仏や、南・西・北方および上下のそれぞれの方角におわします、同じくガンジス河の砂数にも等しい数多のみ仏が、おのおのその仏国土において＊舌相を出し、あまねく三千大千世界を覆って、なんじら衆生よ、みなこの一切の諸仏が護念したもうところの経を信じよ、と誠意ある真実の言葉で説きたもう」と説かれている。

何ゆえに「護念」と名づけるかと言えば、もし衆生があって阿弥陀仏を念仏することが七日間であれ、一日であれ、一声であれ、十声であれ、またただひとたび心に思うだけのものであっても、すべてが必ず往生を得る。諸仏がこのことを誠意をもって証明されるがゆえに、「護念経」と名づけるのである。

そしてそのあとの文では、「もし阿弥陀仏をとなえて往生するものは、つねに全宇宙のガンジス河の砂数にも等しい諸仏によって護念される。それゆえに護念経と名づけるのである」と説かれている。

今すでに、私たちの往生をかなえてくだされる強力な誓願がおわします。もろもろの仏の子らよ、頼むべきである。どうして心をはげまして往生したいと願わないのであるか。〈*智昇法師の『集諸経礼懺儀』の下巻は、善導和尚の『往生礼讃』を集めたものであり、引用はこちらに依っている〉

また、*『観経疏《かんぎょうしょ》』の「玄義分」には、つぎのように説かれている。

「弘願」というのは、『大無量寿経』に説かれてあるとおりである。一切の善悪の凡夫が浄土に生まれることができるのは、すべて阿弥陀仏の大願の業力に乗って、これを強い縁としないものはない。

また、つぎのようにも説かれている。

「南無」というのは、すなわち帰命である。またこれは、浄土に生まれたいという願いを起こして、そのために廻向しようという意味である。「阿弥陀仏」というのは、その廻向の行である。この意味があるがゆえに、必ず往生できる。

また、*『観念法門』には、つぎのように説かれている。

「摂生増上縁《せっしょうぞうじょうえん》（衆生を収めとる強い縁）」というのは、『大無量寿経』の四十八願のなかに説かれてあるとおりである。仏は、「たとえ私が仏となることができるとしても、全宇宙の衆生が、私が造った国に生まれようと願って、私の名を十声でもとなえるとしよう。そのものが私の願いの力に乗ってもし生まれなければ、私は仏にならない」とのたまわれている。これはすなわち、往生を願う行者の命が終わろうとするときに、弥陀の願力が収めとって往生させてくだされる、ということである。それゆえに、「摂生増上縁」と名づけるのである。

また、つぎのようにも説かれている。

善悪の凡夫に自力の心をひるがえさせ、行を起こしてことごとく極楽往生させようと欲する。これは、「証生《しょうしょう》増上縁（諸仏が往生を証明されていることを強い縁として信を起こす）」と言う。〈以上〉

また、*『般舟讃《はんじゅさん》』には、つぎのように説かれている。

仏門はそれぞれの機に応じて説かれ、八万四千ある。無明と苦の果報とその業因とを滅するための利剣は、すなわち弥陀のみ名である。一声称念すれば、すべての罪が除かれる。微塵のようにも多い過去の業も阿弥陀仏の智慧によって滅びる。教えられることもなく他力真実の念仏の門に転入する。娑婆の長大なる年月の難をまぬがれることができるのは、ことに善知識である釈尊の恩をこうむるがゆえである。釈尊はさまざまな思量や巧みな手段をもちい、選んで弥陀の弘大なる誓願の門を私たちに与えてくだされたのである。〈以上抄要〉

右によって知られるように、「南無」の意味は帰命である。「帰」という字は

〈至るという意味であり〉、また帰説《えち》とも熟語する。その意味は〈より頼むということである〉。説の字は〈悦と同じ音である〉*。また帰説は、〈よりかかるという意味である〉。このとき説の音は〈税《さい》である、悦《えち》・税の二つの音意があり、意味は告げるであり、述べるということである。ひとのこころをのべる（宣述人意）のことである〉。「命」の字は〈業（天命救いのみわざ）であり、まねきひく（招引）である。使わしめであり、教命であり、往生の道であり、まことのたよりであり、はからう（計）であり、めす（召）である〉。それゆえに、「帰命」は弥陀の本願が私たちを招喚される勅命である。

「発願廻向」というのは、如来がすでに発願して、衆生に念仏の行を行なうようようめぐらして施したもうという意味である。*「即是其行《そくぜごぎょう》」というのは、*選択本願の行が、私たちが浄土へ往生するための行であるということである。「必得《ひっとく》往生（必ず往生できる）」というのは、念仏によって、必ず浄土へ往生できると約束される不退の位にいたることができることをあらわすのである。『大無量寿経』には「即得」と言われている。『十住毘婆沙論』には「必定《ひつじょう》」と言われている。「即」の字は、弥陀の願力を聞くことによって真実報土への往生の真の原因が決定する時が極めてすみやかであることをひろく知らしめているのである。「必《ひつ》」の字は、〈審《つまびらか》であり、然《しからしめる》であり、分極《わかちきわめる》である〉。金剛の信心を得た人のすがたである。

＊法照和尚の『浄土五会《ごえ》念仏略法事儀讃《りゃくほうじぎさん》』には、つぎのように説かれている。
如来が教えを説かれるにあたっては、相手の能力にしたがって広く説いたり、簡略に説いたりしておられる。究極は、真実の相を悟らせようがためである。それゆえに真の＊無生を得たものには、今さら教えを授けられる必要はない。悟りをひらく者がいないゆえに教えが説かれるのであり、その教えのうち、念仏三昧は真の無上・深妙の門である。弥陀法王は四十八願の名号をもって、ここに、誓願のお力を仏の働きの根本として衆生を救いたもう。〈中略〉つねに三昧海のなかにおわします釈尊が、今はなはだ微細な綿のような手を挙げられ、父の王にのたまわれた。「王よ、いま坐禅を行なって、ひたすら念仏されよ。この念仏は、念を離れて悟りをひらくためのものではない。＊無相離念は必要ではない。生を離れて無生を求めるのでもない。姿や形を離れて、無色無形の法身を求める必要もない。また経文を離れて解脱を求める必要もなく、悟りをひらくことができるのである。」と。〈中略〉
理をつくした真実の教えは、なんと偉大なものであろう。それは一＊如であって、ものを化し、人を利するのである。弘大なる誓願は仏によって異なっているがゆえに、わが釈迦如来は濁世《じょくせ》にふさわしくお生まれになり、阿弥陀仏は浄土に出現したもうのである。お二方の出現された場所に穢土と浄土の差異があるとはいえ、利益は等しい。修めやすく悟りを得やすいのは、まことにただ浄土の教門のみである。しかも、かの西方浄土は殊妙の仏国土であって、それにならぶものはない。この仏国土は百宝でもって飾られ、蓮は九品*の念仏行者の位に応じて開いている。浄土をこのように整えて人びとを往生せしめるのは、仏の名号の功徳である。〈中略〉

『称讃浄土教*（阿弥陀経の別訳）』による偈　〈釈の法照和尚が作る〉

阿弥陀仏の尊号は、はなはだ明らかであって
全宇宙にあまねくゆきわたっている
ただみ名をとなえることのみで、すべてのものが往生できる
観音・勢至はおのずから来たり迎えたもう
弥陀の本願はことに勝れている
慈悲は巧みな手段をもちいて凡夫を導く
一切衆生はみな度脱する
み名をとなえれば罪はすみやかに消除される
凡夫がもし西方浄土にいたりうれば
曠劫《こうごう》のあいだに犯した無数の罪は消えうせる
六つ*の神通力を具え、自在の身となる

ながく老と病を除き無常を離れる

＊『仏本行経《ぶつほんぎょうきょう》』による偈　〈法照和尚が作る〉

何ものを正法と名づけるのであろう
もし道理によれば、それが真実の教えである
今こそ是非正邪を決着されよ
一つ一つくわしく吟味し、曖昧なところがあってはならぬ
正法はよく世間を超え出ている
持戒坐禅は、いちおうは正法と名づけられる
しかし念仏成仏こそが真実の教えである
仏言を受け取らず信じないものを外道《げどう》と名づける
因果の道理を無いものとはらいのけるのは、空《くう》に偏する外道である
正法はよく世間を超え出ている
禅と律の教えが、どうして仏の本意（正法）でありえよう
念仏三昧こそが真実の教えである
仏性を見、おのれの心性を了《さと》るものは仏である

念仏成仏の教えが、どうして道理に相応しないことがあろう〈略抄〉

『阿弥陀経』による偈〈法照和尚が作る〉

仏道を修行するためには、娑婆より西方浄土がすぐれている
五欲も邪まな悪魔もないゆえである
成仏のためにもろもろの善行を苦労して修める必要がなく
蓮華の台《うてな》に坐って弥陀を念じるだけである
五濁の世における修行はおおく退転してしまう
念仏して西方浄土にゆくにしくはない
かしこにいたれば自然に正しい悟りを得て
この世へ還りきたって人びとを浄土へわたす橋となる
よろずの仏道修行のなかで、念仏がもっともすみやかに利益を得せしめる
浄土門以上にすみやかに成仏できるものはない
ただ本師釈尊の金言のみならず
全宇宙の諸仏も浄土門の正しさを証明しておられる
この世にあるもの一人が仏の名を念じれば

ただちに西方浄土に一つの蓮が生じる
一生のあいだ絶えず念仏すれば
臨終にのぞんでその蓮の花が迎えにくる　〈略抄〉

『*般舟《はんじゅ》三昧経』による偈　慈愍和尚が作る
今日道場に集まる人びとは
ガンジス河の砂の数ほどの劫の生死をくりかえしてここに還りきたった
このたび人の身に生まれていることの遇《あ》いがたさは
優曇華《うどんげ》がはじめて開くのに似ている
まさしく聞きがたい浄土の教えを聞くことができ
念仏の法門が開かれるのに遇うことができた
弥陀の弘大なる誓願のお喚《よ》びに遇うことができた
同行の人びとが廻心して信心することに遇うことができた
今まさに浄土教の讃嘆に遇うことができた
往生浄土のちぎりを、蓮の花に結ぶことに遇うことができた
道場に集まるのに幸いにして障害がなく

病気もせずに集まることができた
それによって七日間の*別時念仏の功徳に遇うことができた
四十八願は必ず浄土に迎えてくだされる
あまねく道場の同行の人にすすめる
必ず廻心して浄土へかえろう
家郷はいずこかと問われれば
極楽池のなかの七宝の台《うてな》と答えよう
阿弥陀仏は*因位において弘大なる誓願をたてたもうた
わが名を聞いて念ずれば、すべて浄土に迎えかえらせようと
貧窮や富貴を選ばず
下智や高才を選ばず
よく学び戒を保つものと
破戒者や罪根深いものとを選ばず
ただ廻心して幾度も念仏をとなえれば
瓦礫を変じて黄金となすようにしてくだされる
今、眼の前の人びとに告げる

同じく念仏してこの世を去らんとする人は、ゆくべき所を早く求めた人である
いずこを求めるべきかと言えば
弥陀の浄土であると答えよう
何によって浄土に生まれるかと問われれば
念仏の功徳によると答えよう
私は今の世に生きて罪障が多い
どうして浄土に生まれられようと問われれば
み名を称すれば闇に火が灯るように
罪が消滅すると答えよう
罪多き凡夫が本当に浄土に生まれられるのであろうか
闇を一灯の光が破るように、罪が消えるとは考えられないと問われれば
疑いを除いて幾度も念仏すれば
弥陀は必ず、おのずから親しく近づき護り収めたもうと答えよう　〈抄要〉

『新無量寿観経（『観無量寿経』）』による偈　〈法照和尚が作る〉
十*悪・五逆の罪を犯した愚人は

永劫に煩悩の塵のなかに沈んでいる
しかし、弥陀のみ名を一度でもとなえて
かの浄土にいたれば、法身と同じ身となる〈以上〉

憬興師《きょうごうし》の『無量寿経連義述文賛』には、つぎのように説かれている。

如来の広大な説法には、二つのことが説かれている。最初は如来の仏道修行の果報として造りたもう浄土、すなわち如来の修行（所行）と、それによって完成された浄土（所成）を説きたもう。後では、衆生が往生するための原因と結果、すなわち如来が衆生を摂められ（所摂）ることと、利益されること（所益）をあらわしたもう。

また、つぎのようにも説かれている。

『悲華経《ひけきょう》』の「諸菩薩本授記品《しょぼさつほんじゅきほん》」に、つぎのように説かれてある。「そのときに宝蔵如来が転輪王を誉めてのたまわれた。〃よいことです、よいことです。〈中略〉大王よ、あなたが西方をごらんになれば、百千万億の仏国土を過ぎたかなたに世界があります。尊善無垢と呼ばれています。その国に仏がおいでになります。尊音王如来と呼ばれています。〈中略〉今、現にもろもろの菩薩のために正法を説いておられます。〈中略〉その国は純一なる大乗の清浄の国であって、大乗の菩薩ばかりでその他の人びとはおりません。国中の衆生は同じ菩薩のすがたに生まれています。女性もその呼び名さえもありません。

この仏世界に具わっている功徳は、清浄なる荘厳であります。ことごとく大王の願いのとおりであって、異なるところはありません。〈中略〉今、あなたの名前を改めて、無量清浄と呼びましょう〟」〈以上〉

『無量寿如来会』に、「阿弥陀仏はひろくこのような弘大なる誓願を起こして、すでにすべてを成就したもうた。世間に希有なことである。この願を起こされたあと、その願のとおりに修行して、種々の功徳を具足して、威徳広大な清浄の仏土を荘厳したもうた」とのたまわれている。〈以上〉

また、つぎのようにも説かれている。

福徳と智慧の二つを成就したもうたゆえに、それを衆生につぶさに施したもうた。ご自分が修められたところのものでもって衆生を利益したもうがゆえに、如来の功徳がそのまま衆生に成就せしめられる。

また、つぎのようにも説かれている。

私たちは久遠のむかしより積み重ねてきた原因によって、仏に会い、法を聞くことができたことを慶喜するべきである。

また、つぎのようにも説かれている。

浄土の人びとは聖者であって、国は妙《たえ》である。だれもが力をつくして、この国に生まれようとせずにはいられまい。善を行なって往生を願われよ。阿弥陀仏の善行によって、浄土はすでに成就したもうた。阿弥陀仏の施された念仏に依れば、おのずから浄土へ往生せしめられるはずである。それゆえに、「自然」と言うのである。貴賤を選ばず、だれでも往生が得られる。それゆえに、「著《ちょ》無《む》上下（上下の別がないことを明かす）」と言われる。

　また、つぎのようにも説かれている。

『大無量寿経』に、「易《い》往《おう》而《に》無《む》人《にん》其《ご》国《こく》不《ふ》逆《ぎゃく》違《い》自《じ》然《ねん》之《し》所《しょ》牽《けん》（浄土は往きやすいにもかかわらず、往く人がいない。この国は来るものをこばまず、往生の因を行ずるものを自然に往生せしめる）」と説かれている。浄土へ往生するための原因を修めれば、すみやかに往生するのであり、修めることがなければ生まれるものはない。原因を修めて生まれようとすると、ついにこばまれることはない。すなわち、往きやすいということである。

　また、つぎのようにも説かれている。

　本願力のゆえにというのは、〈すなわち浄土に往くのは弥陀の誓願の力である〉ということである。一切を満足せしめている願のゆえにというのは〈願として欠けることがないゆえに〉ということである。明らかでうそいつわりなく確かな願のゆえにというのは〈これを求めれば虚しくないゆえに〉ということである。何ものも犯しえない堅固な願であるゆえにというのは〈どのような縁も壊わすことができないことによるゆえに〉ということである。究極の願であるゆえにというのは〈必ず果たしとげられるゆえに〉ということである。

　また、つぎのようにも説かれている。

総じて言えば、凡夫や小乗のものに往生を欲する心を増大せしめようと思うがゆえに、かの浄土の勝れているところをあらわされたのである。

　また、つぎのようにも説かれている。

仏たちは、すでにこの穢土において菩薩の行を修めたとのたまわれている。それによって、阿弥陀仏も*無諍念王《むじょうねんおう》としてこの国におわしましたことが知られる。釈尊もまた宝海王としておわしましたのである。

　また、つぎのようにも説かれている。

仏の威徳が広大であることを聞くがゆえに、不退転の位を得るのである。〈以上〉

　*宗暁和尚の『楽邦文類《らくほうもんるい》』には、つぎのように説かれている。

惣官《そうかん》の*張掄《ちょうりん》は、「仏号ははなはだ心に保ちやすい、浄土ははなはだ往きやすい。八万四千の法門のなかで、この近道に匹敵するものはない。ただよく朝のほんのひとときであろうと、永劫の安らぎを得る助けとしての念仏行を行なわれよ。これは、はなはだわずかな力を用いるだけで、尽きることがない功徳を得ることができる。人びとはなんの苦しみがあって念仏行を行なおうとしないのであろう。ああ、この世は夢まぼろしであって真実ではない。寿命は短くて保ちがたい。出る息入る息のあいだに、はやこの世を終えて来世となってしまう。一度この身を失えば、万劫の永きにわたって人間となることはできない。今このときに自覚しなければ、み仏も衆生をどうなさることができよう。願わくば深く無常を思って、いたずらに後悔を残されるな」と、浄楽の居士張掄は縁ある人びとにすすめる、とある。〈以上〉

天台の教えを伝える祖師である山陰の慶文法師*は、つぎのように説いておられる。まことに仏名は真実の仏身より建立されたものであるがゆえに、慈悲の海より建立されたものであるがゆえに、誓願の海より建立されたものであるがゆえに、智慧の海より建立されたものであるがゆえに、法門の海より建立されたものであるがゆえに、ただもっぱら弥陀一仏の名号をとなえることは、つぶさに諸仏の名号をとなえることである。功徳が無量であるゆえに、よく罪障を滅する。よく浄土に生まれる。このことをどうして、疑う心要があろうか。〈以上〉

律宗の祖師元照*和尚の『観経義疏《かんぎょうぎしょ》』には、つぎのように説かれている。

ましてや、わがみ仏の大慈悲は浄土を開示して、ねんごろにおすすめになった。もろもろの大乗の教えも同様に勧めておられる。これを眼に見、耳に聞きながらも、ことさらに疑惑や誹謗を生じて、みずからそれに沈溺し、疑惑を超えて往生を願おうとしないのである。如来はかかるあわれむべきもののために、法をお説きになったのである。まことにこの教えだけが、つねの教えと異なることを知らないゆえに、人びとは疑いを抱くのである。弥陀の救いは賢愚を選ばず、僧侶や俗人を選ばず、修行の長短を論ぜず、つくる罪の軽重を問わず、ただ決定された信心が往生の原因となっているのである。〈以上〉

　また、つぎのようにも説かれている。

浄土の諸経は、いずれも魔というものを説かない。それによって、この教えにしたがう者に悪魔の妨害がないことは明らかである。山陰の慶文法師の『浄土文』の「正信法《しょうしんほう》門《もん》」は、このことをはなはだ詳細に論じている。今、説明のために、そこに列挙されている問いをつぶさに引用する。

ある人が言うには、臨終の時に仏・菩薩が光を放ち、蓮の台をたずさえておられるすがたを見たてまつり、天上の音楽や妙えなる香りとともに来迎して往生するというのは、すべて魔の仕業であると主張する。この説はどうであろう。

答う。『*首楞厳経《しゅりょうごんぎょう》』によって三昧を修習する場合、そのときは、身心を構成する五つの要素に対する執着（陰魔《おんま》）が現われる。『*摩訶衍論《まかえんろん》』（大乗起信論）によって三昧を修習する場合、そのときは、悪鬼や美女となって外から修行を妨げる魔（天魔）が現われる。『＊止観《しかん》論』（『摩訶止観』）によって三昧を修習すれば、時間とともに姿を変え種々に心を惑わす魔（時魅）が現われる。これらは、いずれも禅定を修めることが、自力の修行であるゆえである。それぞれの人が過去に、魔の出現する種を作っておいたがゆえに、禅定を修習することに触発されて、それが出現するのである。その魔が何物であるかを明らかに知って、それぞれを取り除く手段をもちいれば、よく払うことができる。もし誤って、自分が聖者となったと思ってしまえば、すべて魔障をこうむる。〈以上は、現世での自力の修行は魔事を起こすことを明らかにしている〉

ところで、いま修めている念仏三昧について言えば、これは仏力を頼んでいるのである。帝王に近寄っておれば、その権威に守られて、あえて自分を犯そうとするものがないことに似ている。けだし阿弥陀仏が、すべてのものを憐れみ慈《いつく》しむ大慈悲力、すべてのものを救わずにおかない大誓願力、一切を明らかに知る大智慧力、常に平静を保ち続ける大三昧力、自由自在に働く大威神力、一切の邪《よこし》まなるものを破る大摧邪《ざいじゃ》力、一切の悪魔を敗かす大降魔《ごうま》力、一切を見通す天眼遠見《てんげんおんけん》力、一切を聞き知る天耳遙聞《てんにようもん》力、他人の心を見通す他心徹鑒《たしんてつかん》力、一切を照らして収めとる光明徧照《へんじょう》摂取衆生力をそなえたもうことによるのである。弥陀はこれらの不可思議なる功徳の力をそなえておわします。どうして念仏の人を護持して、臨終の時にいたるまで障害がないようにしてくださることができないであろう。もし護持されないとすれば、どうして慈悲力があると言えよう。もし魔障を除くことができなければ、智慧力・三昧力・威神力・摧邪力・降魔力がどうしてあると言えよう。もし仏がすべてを見通すことができずに魔が障《さわり》をなすとするならば、天眼遠見力・天耳遥聞力・他心徹鑒力がどうしてあると言えよう。

『観無量寿経』には、「阿弥陀仏の相好《そうごう》が放つ光明は、あまねく全宇宙を照らしたもう。念仏の衆生を摂《おさ》め取ってお捨てにならない」と説かれている。もし念仏して臨終の時に魔障をこうむると言えば、光明偏照摂取衆生力がどうしてあると言えよう。またいわんや念仏の人が臨終の時に弥陀の来迎を見ることは、さまざまな経典に説かれている。これはすべて仏のみ言葉である。どうして仏の金言をおとしめて、仏の来迎が魔の仕業によるものであると言えよう。以上によって、よこしまなる疑いを打破した。これによって正しい信心を起こすべきである。〈以上は「正信法門」の文である。〉

また、元照律師の『弥陀経義疏』には、つぎのように説かれている。

一*乗の最高の教えを説くもろもろの経典も、帰結はことごとく極楽浄土をすすめている。あらゆる行を完全に修めた、最も勝れたものは弥陀の名号のみであるとするべきである。阿弥陀仏はまことにもって法蔵菩薩の因位の時代より願をたてられ、志をつらぬいて行をきわめられた。無量劫年のあいだ、衆生済度の慈悲を抱きつづけられた。けし粒ほどの場所も、法蔵菩薩がそのために身を捨て修行されなかったところはない。慈悲と智慧を完成するための六波羅蜜の行をなしとげ、すべての衆生を収めとって教化してあますところがない。ゆえに菩薩はわが身も財宝も、衆生が求めれば必ず与えられたのである。このようにして救うべき衆生との縁を結ばれ、修行が満たされ、功徳が成就し一時に法身・報身・応身の三身を完全にさとられた阿弥陀仏となられたのである。一切の徳はすべて阿弥陀仏の四字にあらわれている。〈以上〉

また、『阿弥陀経義疏』には、つぎのように説かれている。

ましてやわが阿弥陀仏は、そのみ名でもって一切のものを収めとりたもう。それゆえに、耳に名を聞き、口にとなえれば、かぎりない聖徳が私たちの心に取り入れられるのである。それが永く成仏の種となって、即座に億劫年のあいだに重ねてきた重罪を除き、無上の菩提をわが身に実現するのである。まことにもって念仏は小なる善根ではなく、多なる功徳であることが知られる。〈以上〉

また、つぎのようにも説かれている。

臨終の時に正しい心で死がむかえられるということについて言えば、一般に凡人であれば、臨終のとき心が動転してしまっている。その時は、これまでに積んできた善行や悪行の結果が必ず出現する。あるものは悪心を起こし、あるものは邪見を起こし、恋慕の情を生じ、あるいは発狂して悪相があらわれる。これらはすべて顛倒した心によって起こると言いうるものばかりではないか。あらかじめ仏の名をとなえておれば罪を滅ぼし、障りが除かれ、うるわしい念仏の利益が心にあふれ、外には慈悲の光につつまれる。それゆえに苦をまぬがれ、楽を得るのは、一刹那のあいだである。この経のあとのほうで釈尊が往生をすすめておられるのは、このような利益があるゆえである。〈以上〉

『観経義疏』には、つぎのように説かれている。

天竺寺の*遵式《じゅんしき》慈雲法師の仰せには「ただ安養の浄土に往生する原因である念仏者の浄行のみが真実であり、すみやかに悟りを得られるものである。これを修めるべきである。僧俗の男女のなかですみやかに無明を破り、五逆・十悪・重罪軽罪などの罪を永遠に滅ぼそうと思う者は、まさにこの法を修めるべきである。大乗や小乗の戒律を受けて末永くまた清浄に保とうとし、念仏三昧を得、菩薩のさまざまな波羅蜜行を成就しようと思う者は、まさにこの法を学ぶべきである。臨終のさいにもろもろの怖れを離れ、心身ともに安らかに阿弥陀仏らの来迎を得、手をとって浄土に導かれ、煩悩の苦しみを離れてすみやかに*不退の位につき、無量劫年の仏道修行を行なわないで、すみやかに無生の悟りを得ようと思う者は、まさにこの法を学ぶべきである」と説かれている。古《いにしえ》の賢人のこのような教えに、よく従わないでいられようか。以上の五ヵ条は『観無量寿経』の要旨を略述したものである。その他の詳細は経文の解釈で示した。*『開元釈教録』を調べれば、この『観無量寿経』には二種類の訳があると思われる。前本はすでに亡失した。現存の本は畺良耶舎《こうろうやしゃ》の訳である。『高僧伝』には、「畺良耶舎は時称と言う。宋の元嘉年間のはじめに、はじめて都に来たった。文帝の時である」と記されている。

また、『観経義疏』にはつぎのように説かれている。

〈天竺寺の遵式〉慈雲法師は念仏の法を讃えている。真実を完全明瞭に説く了義のなかの了義である、すみやかに悟りをひらくことのできる完全な教えである円頓のなかの円頓であると。〈以上〉

また、大智（元照律師）は、つぎのように歌っている。

念仏は円頓一乗の道である。純一であってまざるものはない。〈以上〉

元照の弟子律宗の*戒度《かいと》の『正観記』には、つぎのように説かれている。

仏名には法蔵菩薩の無量劫の修行の功徳がしみわたり、その万徳をおさめている。すべてが阿弥陀の四字にあらわれている。それゆえに、これをとなえれば利益を得ることが浅くない。〈以上〉

元照の弟子律宗の*用欽は、つぎのように説いている。

今もし、私が心に弥陀一仏の嘉号を思い、口にとなえれば、この仏の因果の一切の無量の功徳が身に具えられないことはない。〈以上〉

また、つぎのようにも説かれている。

一切の諸仏は無量劫年の修行を積んで、存在の真実の相を悟り、何ものにも執着されない。それゆえに、形の差別にとらわれない無相の大願を起こしておられ、妙えなる修行を修められたところで、それにとらわれることがない。悟りを開いたところで、それに執着されることもない。お住まいになる国土を荘厳されることもない。神通力をあらわされても、私たちの思うような神通力ではない。舌相を出して大千世界を覆いながら法を説かれても、それは無説の説法である。諸仏はそれゆえに、この『阿弥陀経』をすすめて信じせしめられる。仏の悟りはこのように不思議なものである。どうして私たちが心に思い、言葉で論議できるであろう。私が思うのに、諸仏の不思議の功徳は、ただちに弥陀ご自身とその仏国土の荘厳のなかにおさめられている。諸仏のみ名をとなえる行法のなかには、弥陀の名をとなえることがふくまれているのである。〈以上〉

三論の祖師嘉祥《＊かじょう》大師の『観経義疏』には、つぎのように説かれている。

問う。念仏三昧は何によって、このような多くの罪をよく滅することができるのであろう。

解いて言うのには、仏には無量の功徳がある。仏の無量の功徳を念ずるがゆえに、無量の罪を滅ぼすことができる、と。〈以上〉

法相の祖師法位*の『大無量寿経疏』には、つぎのように説かれている。

諸仏はすべて功徳を、ご自分の名におさめてほどこしておられる。名をとなえるのは、すなわち功徳をたたえることである。功徳はよく罪を滅ぼし福を生じる。名も同様である。もし仏名を信じれば、よく善を生じ悪を滅することは明らかであって疑いがない。名をとなえて往生することになんの惑いがあろう。〈以上〉

禅宗の飛錫《ひしゃく》*の『念仏三昧宝王論』には、つぎのように説かれている。

念仏三昧の善は最上のものである。万行の元首であるゆえに、三昧の王と言うのである。〈以上〉

源信*和尚の『往生要集』には、つぎのように説かれている。

『双巻経《そうかんぎょう》』（『大無量寿経』）に説かれている。人間のおのおのの能力に相応した修行には浅深がある。とはいえ、みんなが共通して「無量寿仏おひとかたをもっぱら念じよ」と言っている。第三に、阿弥陀仏が四十八願のなかで念仏をお説きになるにあたっては、特別に一つの願を起こして、「一度でも十度でも念仏して、もし浄土に生まれなければ、私は仏にならない」と仰せられている。第四に『観無量寿経』には、「極重の悪人には

他に手段がない。ただ弥陀の名をとなえることによってのみ、極楽に生まれることができる」と説かれている。〈以上〉

　また、つぎのようにも説かれている。

『*心地《しんち》観経』に説かれている仏の六種の功徳によれば、一つには、仏は無上の大功徳を生ずる田である。二つには、仏には無上の大恩徳がある。三つには、仏は無足や二足や多足の生きもののなかの最も尊いお方である。四つには、仏には、優曇華《うどんげ》のように遇いがたく、五つには、仏はひとり三千大千世界を超え出られたお方である。六つには、在家・出家のあらゆる功徳が円満している。仏は、これらの六種の功徳をそなえておられて、つねによく一切の衆生を利益したもうのである。〈以上〉

　源信和尚はこの六種の功徳によって、つぎのようにも説かれている。

　一つには、「南無阿弥陀仏と一度でもとなえれば、だれもが仏道を成就するゆえに、私はこの無上の功徳田に命をゆだね礼拝したてまつる」と念じるべきである。二つには、「阿弥陀仏が慈悲の眼でもって衆生をみそなわしておられるすがたは、平等であって一人子を思っておられるようである。それゆえに、私はこの極大の慈悲の母に命をゆだね礼拝したてまつる」と念じるべきである。三つには、「全宇宙の諸菩薩が阿弥陀仏を恭《く》敬《ぎょう》したてまつるがゆえに、私はこの無上両足尊に命をゆだね礼拝したてまつる」と念じるべきである。四つには、「ひとたび仏名を聞くことができるのは、優曇華の咲くのに遇うこと以上にむつかしい。それゆえに、私はこのきわめて遇いがたいお方に命をゆだね礼拝したてまつる」と念じるべきである。五つには、「全宇宙に、このみ仏に匹敵するお方はおいでにならぬ。それゆえに、私はこの希有の大法王に命をゆだね礼拝したてまつる」と念じるべきである。六つには、「仏は仏・法・僧の三宝の功徳をすべてそなえておられ、過去・現在・未来を通じて同じように一身にそなえておられる。それゆえに、私は万徳を円満するこの尊者に命をゆだね礼拝したてまつる」と念じるべきである。〈以上〉

　また、（阿弥陀仏の功徳の不可思議さについては）つぎのようにも説かれている。

*波利質多樹《はりしったじゅ》の花の香りを一日、衣に薫じれば、香りの高い瞻蔔華《せんぷくげ》や波師迦華《はしかけ》を千年間薫じても及ばないようなものである。〈以上〉

　また、つぎのようにも説かれている。

一斤の石汁《せきじゅう》は、よく千斤の銅を黄金に変えることができる。雪山（ヒマラヤ山）に忍辱《にんにく》という草がある。牛が食べれば直接に*醍醐が得られる。尸利沙《しりしゃ》はスバル星が出れば、果実を実らせる。念仏をとなえれば、これらに等しい不思議な働きがある。〈以上〉

*源空上人の『選択《せんじゃく》本願念仏集』には、つぎのように説かれている。

南無阿弥陀仏　〈往生の業は念仏を根本とする〉

また、つぎのようにも説かれている。

すみやかに生死の迷いを離れようと思えば、二種の勝れた教えのうち、しばらく*聖道門をさしおいて、選んで浄土門に入れ。浄土門に入ろうと思えば、阿弥陀仏に対する正行と他の仏に対する*雑行の二種類の行のなかで、しばらくもろもろの雑行を投げ捨て、選んで正行につかれよ。正行を修めようと思えば、念仏をとなえる正業とその他読誦や供養などの助業の二業《ごう》のなかで、なお助業をかたわらにして、選んで正定《しょうじょう》の業《ごう》をもっぱら修められよ。「正定の業」というのは、これすなわち仏のみ名をとなえることである。み名をとなえれば、必ず浄土に生まれることができる。仏の本願によるがゆえである。〈以上〉

以上によって明らかに知られる。念仏は凡人や聖者の自力の行ではない。人間が阿弥陀仏にむかって廻向する行いではないゆえに、不廻向の行と名づけるのである。大乗や小乗の聖者も、重罪や軽罪の悪人も、みな同じく、等しく選択本願の大宝海に帰依して、念仏によって成仏するべきである。

このことについて、曇鸞和尚の『浄土論註』には、つぎのように説かれている。

かの安楽国土は、阿弥陀仏の正覚によって生じた清らかな蓮の花の上に、すべての念

仏者が往生する場所である。だれもが同一に念仏して別の道を歩んでいないゆえである。〈以上〉

それゆえに、真実の行と信心とを得るものは心に歓喜が多いゆえに、これを歓喜にあふれた境地（歓喜地《かんぎち》）と名づけるのである。これを菩薩の修行の段階の中で、決して迷いの世にもどらず、必ず悟りをひらくことのできる境地（初果）にたとえるのは、初果の聖者は睡眠したり怠惰におちいっても、二十八回は人間や天人に生まれ変わるとしても、二十九回目には必ず悟りをひらくことができる。これと同じように、真実の行と信とを得れば、かならず悟りをひらくことができるゆえである。ましてや、全宇宙の衆生が、この行と信とを得よという弥陀の勅命に心から従えば、収めとって捨てたまわぬ。そのような働きが、阿弥陀仏といういう名に籠められている。それゆえに、阿弥陀仏と名づけたてまつるのである。このように、ただ弥陀の勅命に心から従うことによって往生するのであるゆえに、これを他力と言うのである。これによって龍樹大士の『十住毘婆沙論』には、行と信とを得れば「即座に往生することが定まった位（必定）に入る」と仰せられている。曇鸞大師の『浄土論註』には、「往生することが約束された人びとの仲間（正定聚）の数に入る」と仰せられている。仰いで弥陀の本願を信じ頼むべきである。もっぱら本願他力の念仏を行じるべきである。

　まことに知られる。弥陀の功徳の満ちるみ名という慈父がおいでにならなければ、浄土に生まれる直接の原因が欠けることになろう。弥陀の智慧の光明という悲母がおいでにならなければ、往生する間接の縁から離れてしまうであろう。直接の因と間接の縁が和合していなければならないのであるが、しかし信心という、往生する主体（業識《ごうしき》）がなければ、光明の浄土にいたることはない。それゆえに、真実信心の業識を内因とするのである。先にのべた光明と名号の父母を外縁とするのである。内外の因縁が和合して真実報土へ往生し、阿弥陀仏と同じ悟りを開くのである。それゆえに、善導大師の『往生礼讃』には、「弥陀如来は光と名号でもって全宇宙の衆生を収めとり教化したまい、ただ信心をもって念仏せしめたもう」と説いておられるのである。また『*五会法事讃』には、「念仏による成仏、これが真実の教えである」と仰せられている。また『散善義』には、「真実の教えには会いがたい」とも仰せられているのである。よく知るべきである。

　およそ往相廻向の大行大信を得るありさまについては、行に一念があり、また信にも一念がある。行の一念というのは、仏のみ名をとなえる数にかんして、ただ一度で十分であるということによって、選択本願の念仏行のたやすさの極致をあらわしているのである。

それゆえに『大無量寿経』に、つぎのように説かれている。

仏は弥勒に、「かの阿弥陀仏の名号を聞くことができて、歓喜踊躍《ゆやく》して一度でも念仏する（乃至一念）としよう。その人は大利を得る、とまさに知るべきである。すなわち、無上の功徳を身に具えるのである」と語りたもうた。〈以上〉

光明寺の善導和尚の『散善義』には、

下は一度の念仏（下至一念）するものいたるまでも

と仰せられ、また『往生礼讃』には、

一声一念のものも

と仰せられ、また『散善義』には、

専心専念のものも〈以上〉

と仰せられているのである。

智昇師の『集諸経礼懺儀《しゅうしょきょうらいさんぎ》』の下巻には、つぎのように（善導の『往生礼讃』の文を引用して）説かれている。

深心《じんしん》が真実の信心である。この私は煩悩を具足する凡夫であり、善根はうすく少なく、欲界・色界・無色界という三界の迷いの世界を流転して火宅を出ることはない、と信知するのである。と同時に、いま弥陀の根本の弘大なる誓願は、名号を十度でもとなえたり、聞いたりするものに及ぶまで、必ず往生させてくだされる、と信知するのである。一声の念仏にいたるまで疑心をはさまないでとなえるゆえに「深心」と名づける。

〈以上〉

『大無量寿経』では「乃至《ないし》」と言われ、善導の釈文では「下至《げし》」と言われる。「乃《ない》」と「下《げ》」は言葉は異なっているが、意味は同じである。また「乃至」というのは、一と多とをふくめている言葉である。「大利」というのは、小利に対する言葉である。「無上」というのは、有上に対する言葉である。すなわち「大利」「無上」というのは、すべてのものを平等に救いたもう阿弥陀仏の真実の利益であると、まことにもって知られる。「小利」「有上」は阿弥陀仏の他力念仏以外の、八万四千の仮りの法門によって得られる利益である。善導の釈文に「専心」と言われているのは、一心のことである。二心のないことをあらわす。「専念」というのは、一つの行のみを行なうことである。二つの行を行なわないことをあらわす。今、右に釈尊が弥勒にお説きになった教えのなかの「一念」とは、一声の念仏である。一声が一念である。一念がただ一つの行である。この一行が正しい行である。この正行が正しく成仏できる業因である。この正しい業因が正念である。正念が念仏である。すなわち、南無阿弥陀仏である。

それゆえに、弥陀の大悲の願船に乗って光明の広海に浮かべば、弥陀の至徳の風が静かにそよいで、もろもろの禍《わざわ》いの波を追いやる。すなわち無明の闇を破って、すみやかに無量光明土に往生して大いなる仏の悟りを得、普賢菩薩*と同じように衆生を済度する働きが得られるのである。よく知るべきである。

道綽和尚の『安楽集』には、十度念仏せよと『大無量寿経』に説かれていることについて、つぎのように説かれている。

十念相続（十度の念仏をつづける）というのは、釈尊が一つの数をあげられたにすぎない。意味は、よく念仏を積み重ね、阿弥陀仏に思いをこらして余事をまじえなければ、往生の原因を成就させ、それでもって足りるのである。わずらわしく十の数にこだわるべきではない。

また、つぎのようにも説かれている。

ながらく念仏をつづけている人は、数にこだわらずとなえなさい。はじめて念仏する人は、念仏にはげもうとして数を数えたりするだろう。それもまたよいことである。これも聖教によっているゆえである。〈以上〉

これまで引用してきた経典や釈文のすべては、阿弥陀仏の浄土へ往生するための真実の行をあらわす明らかな証拠の文である。それらによって、まことにもって知られる、他力念仏の大行は、弥陀がすべての人びとを救うために選びとられた本願にもとづく行であり、世に超えた希有の勝れた行であり、あらゆる功徳を欠けることなくそなえた正法であり、人びとの煩悩にも妨げられることなく功徳を与えたもう大いなる行である、と。よく知るべきである。

他力というのは、如来の本願の力である。

曇鸞和尚の『浄土論註』には、つぎのように説かれている。

「本願力」というのは、法蔵大菩薩が真理の法を悟られ、つねに心静かな禅定の境地に住みながらも、さまざまな相《すがた》や、さまざまな神通力や、さまざまな説法を意図することなく現じたもうのであるが、このように他者を救うための働きは、すべて本願の力より起こるのである。たとえば、阿修羅の琴はかなでるものがいなくとも、自然に音曲を発するようなものである。このように他者を救うための働きは、自身に悟りを得おえて、他を救う働きをも身につけた境地（教化地＝五念門の第五）の菩薩のすがたである。〈中略〉

「菩薩は礼拝・讃嘆・作願・観察の四種の門に入って、自身の悟りをひらくための行を成就したもうたと知るべきである」*

「成就」は、自分の悟りが完全に得られたということである。「知るべきである」というのは、自分の悟りが完成しているがゆえに、よく他人を悟りにみちびくことができるということである。自分が悟りを得ることがなければ、よく他人を悟りにみちびくことはできないと知るべきである。

「菩薩は四種の仏門を修められ悟りをひらかれたあと、第五の、他者を救うための修行をされ、ついに、他者に自身の功徳を与えて悟りをひらかせるための行を成就したもうたと知るべきである」

　ここでいう「成就」とは、他者を迷いの苦しみから救いたいという慈悲の心が原因となって、他者を教化し悟りをひらかせる働きを身につけるという結果が成就したのである。原因であれ結果であれ、一つとして他者を救おうとするためでないものはない。

「知るべきである」というのは、他者を救う働きを身につけるためにこそ、自身の悟りをひらかれたのである。他者を救う働きをしないで自分の悟りに安住されているようなことはない、と知るべきである。

「菩薩はこのように五種の仏門の行を修めて、自分の悟りと他人を救う働きとを身につけられ、すみやかに阿耨多羅三藐三菩提《あのくたらさんみゃくさんぼだい》を成就しえたゆえに」

　仏が得られた法を「阿耨多羅三藐三菩提」と名づける。このような菩提を得ることをもって仏と名づけるのである。今、「すみやかに阿耨多羅三藐三菩提を得る」というのは、すみやかに仏になられた、ということである。「阿」とは無の意味である。「耨多羅」とは上《じょう》の意味である。「三藐」とは正の意味である。「三」は徧《へん》、「菩提」は道の意味である。これを合わせ訳して「無上正徧道《しょうへんどう》」とするのである。「無上」の意味は、仏の悟りは道理をきわめ、ものの性を洞察しつくしていることが、これ以上のものがないということである。何をもってそのように言いうるかといえば、「正」をもってのゆえである。「正」とは聖なる智慧である。真理の法のままにすべてを認識しているゆえに、「正智」と称するのである。しかも真理の法には相《すがた》がないゆえに、聖なる智慧とは知るものもないことを知る（無知）ということである。「徧（あまねく）」には二種類がある。一つには、聖者の心はあまねく一切の法を知っておられるということであり、二つには、仏の身はあまねく法界に満ち満ちているということである。聖なる仏の身も心もゆきわたらないところがない、という意味である。「道」とは無礙道（障害のない道）である。『華厳経』には、「全宇宙の無礙人は一道を歩んで生死の世界を出でたもうた」と説かれている。「一道」は一無礙道のことである。「無礙」とは、生死の迷いそのままがすなわち涅槃であると知ることである。このように迷いがそのまま悟りであり、二つに分けられるものではない（入不二《にゅうふに》の法門）という認識が無礙の相である。

問う。どういう因縁によって、私たちがすみやかに阿耨多羅三藐三菩提の成就を得ることができると言うのであろう。

答う。『浄土論』には、「法蔵菩薩が五種の門の行を修めて、自身の悟り（自利）と他人を悟りにみちびくこと（利他）とを成就したもうたがゆえに」と説かれている。しかるに、そのことのまことの根本を求めれば、阿弥陀仏を強い縁としているのである。他利と利他という言葉は同じようであるが、考えてみれば明らかな差異がある。阿弥陀仏の立場からいえば、他を悟らしめられるのであるから「利他」というのがふさわしい。衆生の立場からいえば、他である仏によって悟らしめられるのであるから「他利」というのがふさわしい。天親菩薩は『浄土論』で、仏の力について語ろうとしておられる。それゆえに利他という言葉が用いられているのである。この意味をよく知るべきである。

およそかの浄土に生まれることと、かの浄土に住む菩薩や人間や天人が再び迷いの世界に還って人びとを教えみちびき救うという働きは、すべて阿弥陀仏の本願の力によっているのである。もしこれらが仏力によっているのでなければ、四十八願はいたずらに設けられたものとなってしまうであろう。そこで今、第十八、第十一、第二十二の三つの願をとりあげて、この意味を明らかにしよう。

第十八願には、「たとえ私が仏になることができるとしても、全宇宙の衆生が、心*をいたして信楽し、私が造った国に生まれようと欲して、一度でも十度でも念仏するとしよう。そこでもし生まれることができなければ、私は仏にならない。ただ五逆の大罪を犯した者と、正しい仏法を誹謗する者とは除こう」とのたまわれている。仏の願力によるがゆえに、十度念仏してすみやかに往生を得るのである。往生を得るがゆえに、三界に輪廻することをまぬがれるのである。輪廻がないゆえに、それゆえに、すみやかに悟りを開きうるのである。これが一つの証明である。

また、第十一願には、「たとえ私が仏となることができるとしても、私が造った国に住む人間や天人が、*正定聚に住んでかならず悟りを開くことがなければ、私は仏にならない」と仰せられている。仏の願力によるがゆえに、正定聚の位に住むのである。正定聚の位に住むがゆえに、必ず悟りにいたるのである。もろもろの迷界の苦しみがない。それゆえに、すみやかに悟りを開くことができるのである。これが第二の証明である。

また、第二十二願には、「もし私が仏となることができれば、他方の仏国土に住む菩薩たちが、私が造った国に来生すれば、仏道を究めさせてかならず*一生補処《いっしょうふしょ》にいたらしめる。ただし菩薩たちが、みずから衆生を教化しようとする本願をいだいて、弘大なる誓いの鎧《よろい》を着て徳の本《もと》を積み、一切を度脱したあとで諸仏の国を遊行し、菩薩の行を修めて、全宇宙の諸仏如来を供養し、恒河沙《ごうがしゃ》にひとしい無数の衆生を開化して、無上正真の道を立たしめようとするものたちは除く。一生補処の菩薩たちは通常の菩薩たちを超え出、菩薩の*初地から十地までのさまざまな境位を即座に実現してしまい、最高の働きである普賢菩薩と同様の利他行を習い修めることであろう。もしこの願が成就しなければ、私は仏にならない」と仰せられている。仏の願力によるがゆえに、菩薩たちは通常の菩薩たちを超え出、菩薩のさまざまな境位を即座に実現してしまって、普賢菩薩と同様の利他行を習い修めるのである。通常の菩薩たちを超え出、さまざまな境位を即座に実現してしまうがゆえに、そのゆえに、すみやかに悟りを開くことができるのである。これが第三の証明である。

以上をもって他力ということを推察すれば、私たちが浄土へ往生して成仏することには、阿弥陀仏の本願力が強い縁となっていることがわかる。どうして、そうでないことがあろう。さらに例を引いて、自力・他力の相を示そう。

人びとは地獄・餓鬼・畜生の三悪道を怖れるがゆえに、戒律を受けて守るのである。戒律を受けて守るがゆえに、よく*禅定《ぜんじょう》を修めるのである。禅定を修めるゆえに、神通力を習い修めるのである。神通力を持つがゆえに、四方の世界に遊ぶことができるのである。これらのことを自力と名づける。一方、劣ったものが驢馬にまたがっても空を飛べない。しかし、転輪王の行幸に従えば、すみやかに空を飛んで、何ものにも妨害されずに四方の世界に遊ぶことができる。このようなことを他力と名づけるのである。後世の仏道を学ぶものたちは、なんと愚かなことであろう。他力に身をまかせるべきであると聞けば、まさに信心を生じるべきである。みずから殻に閉じこもって、自力の修行にこだわってはならぬ。〈以上〉

元照《がんじょう》律師の『観経疏』には、自力と他力についてつぎのように説かれている。

この穢土にあって惑いを破り、悟りをひらこうとすれば、自力の修行を行なわなければならない。その者のために、大乗・小乗の諸経典にその修行法が説かれている。仏国に赴いて法を聞き、道を悟ろうとすれば、他力を頼まなければならない。その者のために、往生浄土の教えが説かれているのである。彼岸と此岸の相違があるとはいえ、いずれも巧みな手段でないものはない。いずれも、自分の心の本性を悟らしめるための手段である。〈以上〉

今まで、阿弥陀仏の他力念仏を一乗の中の最高の教えであるとしてきた。ここであらためて一乗海について論じてみると、「一乗海」というのは、「一乗」とはすべてのものを共に救う教え（大乗）のことである。大乗はすべてのものを成仏せしめる教え（仏乗）である。ゆえに、自身の悟りと他を悟らしめる働きの両方を成就した一乗を得れば、阿耨多羅三藐三菩提という最高の悟りを得るのである。阿耨菩提は涅槃界のことである。涅槃界とは究極の姿なき真理の身（法身）である。究極の法身を得るとは、一乗の道を究めることである。一乗を究められた如来は、すべて同一であって異なることはない。法身もすべて同一であって異なることはない。如来はすなわち姿なき真理の身である。一乗の道を究めれば、無限の空間・時間のすべてに遍在する。大乗は、声聞や縁覚のための教え（二乗）や、声聞や*縁覚や菩薩のための教え（三乗）というような、いろいろな悟りを目ざすことを教えるものではない。二乗・三乗は、一乗に入らしめ最高の悟りをひらかせるための手だてとして説かれた教えである。一乗はすなわち最も勝れた最高（第一義）の仏道である。そしてそれは、ただひとつ弥陀の誓願の教えである。それによってのみ、すべての人びとが成仏できる。

『*涅槃経』には、一乗についてつぎのように説かれている。

善男子らよ、真理の法そのものである実諦《じったい》を説く教えを大乗と名づける。大乗でなければ、実諦を説くとは言えない。善男子らよ、実諦は仏が説くものである。魔が説いたものではない。魔説は仏説でないゆえに、実諦を説くものとは言えないのである。善男子らよ、実諦にいたる道は、清浄なるひとすじの道だけであって、異なる道のあることがない。〈以上〉

また、つぎのようにものたまわれている。

菩薩は何ゆえに一乗の教えを信じ、それに従うのであろうか。菩薩は一切の衆生を、すべて一道に帰入せしめようとしているためである。一道というのは、大乗の仏道である。諸仏・菩薩はただ衆生の能力の別に合わせて、このひとすじの道を声聞・縁覚・菩薩という三つの教えに分けて説かれたにすぎない。それゆえに、菩薩は仏の本意にさからわず、大乗の教えを信じ従うのである。〈以上〉

また、つぎのようにも説かれている。

善男子らよ、大乗に説かれる究極の法（畢竟《ひっきょう》）には二つのことがらがある。一つには荘厳畢竟、二つには究竟《くきょう》畢竟である。また荘厳畢竟は世間畢竟であり、究竟畢竟は出世畢竟である。荘厳畢竟とは菩薩の六波羅蜜の修行のことで、この行を成就すれば、仏となったときその功徳が身を飾ることになる。これは究極の修行ではあるが、迷いの世界での修行であるゆえに世間畢竟というのである。つぎに究竟畢竟とは、すべての衆生が得る究極の悟りのことであり、これを一乗と名づける。これは迷いの世界を越え離れた究極の悟りであるゆえに出世畢竟というのである。すべての衆生が悟り得る一乗究極の悟りを、仏性とも名づける。すべての衆生が悟り得ることから私は、「一切衆生悉有仏性（あらゆる生きものがすべて仏となる可能性を具えている）」と説くのである。すべての生きものはことごとく一乗を具えている。しかし、ただ無明によって覆われているゆえに、見ることができない。

また、つぎのようにものたまわれている。

何ゆえにすべての衆生が、一乗究極の悟りを得ることができると説かれるのであるか。一切衆生はすべて仏性を持ち、一乗の悟りを得るからである。では何故いろいろな仏性が説かれ一つでないのか。仏は衆生の能力の別に合わせて声聞の仏性、縁覚の仏性、菩薩の仏性を説かれている。このように即座に一つであるとはされないのである。では何故一つでもなく、一つでなくもないと説かれるのであるか。衆生は数限りなく、その数だけ仏性があるゆえに一つではないのである。しかしすべてが、やはり一乗究極の悟りを得る仏性を持っているがゆえに、一つでなくもないのである。〈以上〉

『華厳経』には、つぎのように説かれている。

*文殊よ、念仏の法は、つねに同一であり変わることがない。教えの法王たるものはただ一つの真実の法である。一切の何ものにも妨げられることのない仏（無礙人）は、ひとすじの道より生死を出でたもう。一切諸仏の身は、これただ同一の法身である。同一の心であり、同一の智慧である。仏の働きである*十力《りき》・*四無所畏《むしょい》もすべて同じである。〈以上〉

右に証明されているように、他力念仏による一乗の悟りとは、すべて安養の浄土で得られる大いなる利益であり、私たちの思議を超えた仏願の至徳である。

つぎに一乗海の「海」というのは、阿弥陀仏の願力は久遠のむかしより、凡人や聖者が修める雑修・雑善の川水を転じ、五つの大罪を犯した者（五逆）・仏教を謗る者（謗法）・仏となることのできない者（闡提）たちの、ガンジス河の砂数にも等しい無数の無明による悪行の海水を転じて、本願・大悲・智慧・真実の、ガンジス河の砂の数ほどの数限りない万徳を成就した大宝海水と同じ水とならしめられる。このような本願の働きを海のようであるとたとえるのである。まことにもって知られる、『経』に、「煩悩の氷が解けて功徳の水となる」と説かれているとおりである。〈以上〉

阿弥陀仏の本願の海には、声聞・縁覚の煩悩のまじった善ですら形を残すことがない。ましてや、人間・天人の虚仮《こけ》や邪偽の善行や雑毒雑心が形を残すことがあろう。すべて如来の功徳と同一にならしめられるのである。

それゆえに『大無量寿経』には、つぎのようにのたまわれている。

声聞も菩薩も仏心をよくきわめることがない。たとえば、生まれながらの盲人が人を導き案内しようと思うようなものである。如来の智慧海は深く広大であって涯も底もない。声聞や縁覚などの思いはかられるところではない。仏のみが明らかに悟りたもうものである。〈以上〉

曇鸞大師の『浄土論註』には、つぎのように説かれている。

「荘厳《しょうごん》不《ふ》虚《こ》作《さ》住持《じゅじ》功徳《くどく》成就《じょうじゅ》（阿弥陀仏の第八の、荘厳で虚妄ならざる作業によって保たれ成立している功徳）とはどういうことか。偈に、〝阿弥陀仏の本願のお力を知れば、これに遇ってなお虚しく救いから漏れる者はない。一切衆生の心を、よくすみやかに功徳の大宝海に満たしたもう〟」

「不虚作住持功徳成就」とは、すなわち阿弥陀仏の本願力の働きをあらわすものである。いまから簡単に、人間の行ないの虚しく完うしないことを示して、「不虚作住持」の意味をあらわそう。〈中略〉ここで言う「不虚作住持」は、もとの法蔵菩薩の四十八願と、いまの阿弥陀仏の自在の威神力とによっている。法蔵菩薩の本願によって威神力が成就したのであり、威神力は本願にもとづいている。本願はいたずらなるものではなく、それゆえ威神力は虚しいものではない。威神力と本願はあい応じ、どこまでも違《たが》うことがない。それゆえに、「成就」と言うのである。

また、つぎのようにも説かれている。

「海」と言われる意味は、仏の一切を知りたもう智慧は深く広大であって涯がなく、その智慧に帰入すれば、声聞・縁覚の煩悩のまじった善ですら形を残すことがなく、弥陀と同一の智慧となる。これを〝海のごとし〟とたとえるのである。それゆえに、「浄土に生まれた不動の天人や人間は、清浄なる智慧の海から生まれる」と言われる。「不動」というのは、かの国の天人も人間も大乗の根を成就して、いかなる妨害や誘惑にも、傾きも動きもしないことを言うのである。〈以上〉

善導和尚の『観経疏』の「玄義分」には、つぎのように説かれている。

私は大乗菩薩の教え（菩薩蔵）と、すみやかに悟りをひらくための教え（頓教）と、すべてのものを平等に救う一乗海とに帰依する。

また、『般舟讃』には、つぎのように説かれている。

『*菩薩瓔珞《ようらく》本業経』のなかでは漸教が説かれている。これは無限の長時間修行して、二度と迷いにもどらない不退の境地にいたる教えである。それにたいし『観無量寿経』『阿弥陀経』などの説は頓教である。無上の菩提にいたらせる教えである。〈以上〉

宗暁の『楽邦文類』には、つぎのように説かれている。

宗釈《しゅしゃく》禅師は、「睘丹《かんたん》の一粒は鉄を変えて金にする。真理の一言は悪行を転じて善行とする」と説かれている。〈以上〉

以上の経典と釈文によって、教えについて念仏と他の諸善とを対比して論及すれば、行じ難いか行じ易いか（難易対）、そくざに悟りをひらくかしだいに悟りをひらくか（頓漸対）、横に跳ぶか縦に登るか（横竪対）、飛び超えるかゆっくり渉《わた》るか（超渉対）、本願に順《したが》っているか逆《さから》っているか（順逆対）、功徳が大きいか小さいか（大小対）、功徳が多いか少ないか（多少対）、すぐれているか劣っているか（勝劣対）、弥陀の慈悲に親密か疎遠か（親疎対）、まじかに弥陀を仰ぐか遠くにしか見られないか（近遠対）、因縁が深いか浅いか（深浅対）、弥陀の本願によって力強いか自力のゆえに力弱いか（強弱対）、弥陀の本願に誓われている重い行か本願に誓われていない軽い行か（重軽対）、あらゆる時代の衆生が救われるか限られた時代の衆生しか救われないか（広狭対）、純一であるか雑多であるか（純雑対）、まっすぐ行くか回ってゆくか（径迂対）、捷《はや》く行くか遅く行くか（捷遅《しょうち》対）、通有の善行によるか弥陀が特別に設けられた本願によるか（通別対）、往生を信じ続けるか再び疑うか（不退退対）、直接に往生を説く教えか、何かを説く因《ちな》みに浄土往生の法を明かす教えか（直弁因明対）、弥陀の名号を説く教えか*定善散善を説く教えか（名号定散対）、道理が尽されているか尽されていないか（理尽非理尽対）、諸仏が勧めておられるかおられないか（勧無勧対）、煩悩にさまたげられて、行に隙間ができるかできないか（無間間対）、弥陀を思い続けるか思いがとだえるか（断不断対）、弥陀一仏に対する信心を持続するか、他の諸仏に信心が移るか（相続不続対）、無上の教えであるかまだ上があるか（無上有上対）、上上のすぐれた教えか下下の劣った教えか（上上下下対）、私たちの思議がおよぶか思議を絶しているか（思不思議対）、悟りのための修行を説くか、すでに悟りを開かれた弥陀の名号の徳を説くか（因行果徳対）、*弥陀の直説であるか釈尊によって説かれた教えか（自説他説対）、往生のために自分の修行を廻向しなければならないのか廻向する必要がないのか（廻不廻向対）、諸仏が護《まも》りたもうか護りたまわないか（護不護対）、諸仏が教えの正しさを証明しておられるかおられないか（証不証対）、釈尊が称讃しておられるか称讃しておられないか（讃不讃対）、釈尊が弥勒や阿難に後世に伝えるよう付嘱《ふぞく》された教えであるかそうでないか（付嘱不嘱対）、完全明瞭な教えか不完全不明瞭な教えか（了不了教対）、だれにでも堪えられる教えか少数のものにしか堪えられないか（機堪不堪対）、弥陀が特別に選びたもうたか、そうではないか（選不選対）、真実か方便か（真仮対）、入滅する仏を見るか不滅の弥陀を見るか（仏滅不滅対）、滅法の世にいたって滅び衆生を救えないか、なお存続して衆生を救う教えか（法滅利不利対）、人間の自力によって往生するか、弥陀の他力によって往生するか（自力他力対）、弥陀の本願であるか本願でないか（有願無願対）、弥陀が衆生を収めとられるかとられないか（摂不摂対）、この世において正定聚となるかならないか（入定聚不入対）、*報土に往生するか化身土に往生してしまうか（報化対）

対比の内容はこのようである。本願一乗海について考えれば、これはあらゆる善行功徳を欠けることなく私たちに与え身に満ちあふれさせ、最もすみやかに、私たちの煩悩をも障害とすることなく悟りをひらかしめたもう唯一絶対の教えである。

また、仏法を学ぶ器について対比して論及すれば、教えを信じているか疑いをまじえているか（信疑対）、信心をいただく善き人であるかいただかない悪しき人であるか（善悪対）、正定聚であるか、報土往生できない邪定聚であるか（正邪対）、弥陀からよき人とされているかいないか（是非対）、真実の信心に満たされているか空虚であるか（実虚対）、真実の信心をいただいているか偽《いつわ》りの信心であるか（真偽対）、弥陀の清浄心をいただいているか濁穢《じょくえ》なる人間の信仰であるか（浄穢対）、信心をいただいた鋭利な人であるか、いただかない魯鈍な人であるか（利鈍対）、浄土におもむくのが遅い人であるか、すぐさまおもむく人であるか（奢促対《しゃそく》）、念仏の功徳をいただいた富める人であるか、いただかない賤しく貧しい人であるか（豪賤対）、光明の人であるか無明の人であるか（明闇対）

対比の内容はこのようである。一乗海に身をゆだねるものについて考えれば、金剛の信心を得たものは絶対不二の器である。よく知るべきである。

敬って、往生を願う一切の人びとに申しあげる。弥陀の弘大なる誓願の一乗の海は、なんの障害もなく、涯もなく全宇宙を覆い、最も勝れた教えである。深妙なる教えでもあり、説くべからざる、言うべからざる、思議すべからざる至高の功徳を成就したもうておられる。何をもってのゆえであるかといえば、誓願が私たちの思議を絶しているゆえである。弥陀の悲願は、たとえば大虚空のようなものである。もろもろの妙えなる功徳が、広大無辺であるがゆえである。さらには、大いなる車のようである。よくあまねく、もろもろの凡人も聖者も浄土へ運びたもうがゆえである。さらには、妙えなる蓮華のようである。世間の一切の法に染まることがないゆえである。善見薬王《ぜんけんやくおう》樹のようでもある。よく一切の煩悩の病いを破るゆえである。さらには、鋭い剣のようである。よく一切の憍慢の鎧を断つがゆえである。勇将の幢《はたぼこ》のようでもある。よく一切の諸魔軍を圧伏するがゆえである。さらには、鋭い鋸のようである。よく一切の無明の植樹を切るがゆえである。さらには、鋭い斧のようである。よく一切の諸苦の枝を切るがゆえである。善知識のようでもある。一切の生死の縛《いましめ》を解くゆえである。さらには、導師のようである。よく凡夫に迷妄を離れる道を知らせるゆえである。さらには、湧き出ずる泉のようである。智慧の水を出して尽きることがないゆえである。さらには、蓮華のようである。一切のもろもろの罪垢に染まらないゆえである。さらには、疾風のようである。よく一切の障害の霧を散らすゆえである。さらには、甘美な蜜のようである。一切の功徳の味に満ち満ちているゆえである。さらには、正道のようである。もろもろの群生を智慧の城に入らしめるがゆえである。さらには、磁石のようである。本願という往生浄土の原因を吸い往生せしめたもうゆえである。最も純なる黄金のようでもある。世俗の善行の一切の光を奪いさるがゆえである。さらには、地中の蔵のようである。よく一切の諸仏の教えを収めているゆえである。さらには、大地のようである。過去・現在・未来の全宇宙のすべての如来がここから生まれ出るゆえである。日輪の光のようでもある。一切の凡愚人の愚痴の闇を破って信心を出生するゆえである。さらには、君主のようである。一切の偉人より勝れているゆえである。さらには、厳父のようである。一切のもろもろの凡人や聖者を教え導くゆえである。さらには、悲母のようである。一切の凡人や聖者が真実報土に往生する原因を長く養い育てるゆえである。さらには、乳母のようである。善悪をとわず一切の往生を願う人びとを養育し守護したもうがゆえである。さらには、大地のようである。よく一切の往生を願う人びとを支えているゆえである。さらには、大水のようである。よく一切の煩悩の垢をすすぐゆえである。さらには、大火のようである。よく一切の誤った見解の薪を焼くゆえである。さらには、大風のようである。あまねく世間のものたちに修行させて障害するものがないゆえである。

この誓願はよく三界の煩悩に繋縛《けばく》された城を出でしめ、よく二十五有の門を閉ざす。よく真実の報土に往生せしめ、よく邪正の道路を区別せしめる。よく愚痴の海を干あがらせて、よく願海に流入させる。一切智の船に乗せて、もろもろの迷いの海に浮かび、福徳と智慧の蔵を満たし、迷える人びとを導く方便の蔵を開くのである。まことに奉持《ぶじ》するべきである。この誓願をこそ頂戴するべきである。

およそ誓願については、真実の行と信がある。また、方便の行と信がある。その真実の行願（行のための願）は、第十七の諸仏称名の願である。その真実の信願（信のための願）は、第十八の至心信楽の願である。この二つが、阿弥陀仏が衆生のために選ばれた本願の行と信である。それを頂戴するものは、善悪を問わず一切の大乗・小乗の凡愚である。往生は難思議往生である。仏土はすなわち報仏報土である。これはすなわち、不思議なる誓願の一実真如《いちじつしんにょ》の海である。『大無量寿経』の旨の極致であり、「他力真宗」の正しい意味である。

ここをもって阿弥陀仏の恩を知り徳に報いるために、宗師曇鸞大師の浄土論の解釈（『浄土論註』）を開けば、「菩薩は仏に帰依する。孝子が父母に帰依し、忠臣が君后に帰依して、一切の行ないが自分のためではなく、進退に必ず父母や君后の意思が働いているようなものである。恩を知って徳に報いるのであり、天親菩薩がまず最初に、浄土の教えを説きたもうた釈尊にお礼を言上されたのは当然である。また、天親菩薩が『願生偈』を作ろうとされた願いは軽いものではない。もし如来がその威神力を加えたまわなければ、どうして偈ができるというのであろう。それゆえに神力の加護を乞いもとめて『世尊よ、我れ一心に』と釈尊を仰がれたのである」と仰せられている。〈以上〉

私、愚禿釈《ぐとくしゃく》の親鸞も大聖釈迦如来の真実のみ言葉に帰依し、浄土の祖師たちの解釈をひもどき、仏恩が深遠であることを信知して、つぎのような「正信念仏偈《しょうしんねんぶつげ》」をつくって申しあげる。

無*量寿如来の勅命に心から従いたてまつり
不*可思議光如来を頼みたてまつる
如来は法蔵菩薩として阿弥陀仏になりたもう修行を積んでおられた時に
世自在王仏のみもとにあって
もろもろの仏が国土を造りたもうた因縁や
おのおのの国土の人間や天人の善悪を見較べられて
無上の殊勝の願をたて

希有の弘大なる誓いを起こしたもうた
五劫ものあいだ思惟を続けて誓願を取捨選択された
重ねてわが名が全宇宙に聞こえるようにと誓いたもうた
如来のあまねく放ちたもう光は、無量であり無辺であり
障害なき比べるものなき燃え盛る炎のごとき光であり
清浄にして欲の心を滅し、歓喜にして怒りの心を滅し、智慧にしてすべてを知らし
める光であり
断えることなき思うことも説くこともできない光であり
日月に超えた光を放っていかに微細なものをも照らしたもう
一切の衆生は如来の光照をこうむる
本願の名号は浄土に往生するための正しい業である
至心信楽の願に誓われる信心を往生の原因とする
如来に等しく無上の悟りを得ることは
*必至滅度の願が成就したことによるのである
釈迦如来が世に出でたもうたゆえんは
ただ阿弥陀仏の本願海を説かんがためである

五濁・悪時の数限りない衆生たちよ
如来の真実のみ言葉を信じよ
よく阿弥陀仏の本願を信じ、喜びの心が起きるならば
煩悩を断つことなく涅槃を得ることができる
凡人も聖者も五逆も謗法のものも等しく本願に帰依すれば
もろもろの川が海に入って一味となるがように、如来と等しい悟りを得ることがで
きる
弥陀の摂取の心光はつねに照らして護りたもう
み光はよく無明の闇を破るとはいえ
貪り・愛・瞋り・憎しみの雲霧が
つねに真実信心の天におおっている
たとえば日光が雲霧に覆われていても
雲霧の下は明るく闇ではないのに似ている
信を得て如来を敬い大いに慶喜すれば
すみやかに五悪の道をよこざまに截《き》って捨て離れることができる
善悪を問わず一切の凡夫人が

如来のすべてのものを救おうという誓願を聞き信じれば
み仏はその人を広大なる智慧ある人と誉めたもう
この人を*分陀利華《ふんだりけ》と名づける
阿弥陀仏の本願念仏は
邪見・憍慢の悪しき衆生にとって
信じて保持することはなはだむつかしい
難中の難これにすぎるものはない
西天印度の論主たちも
中国・日本の高僧たちも
釈尊が世に出でたもうた真意をあらわし
弥陀の根本の誓願こそが、末世の者にふさわしいことを証明された
釈迦如来は*楞伽山《りようがせん》において弟子たちのために予言したもう
「天竺の南に龍樹大士が出て
あらゆる有と無の邪見*を破るであろう
すべての者をよく救う無上の教えを説いて
喜びにつつまれて安楽の浄土に往生するであろう」と

聖道難行の陸路は苦しいことをあらわし
念仏易行の水路が楽しいことを信ぜしめ喜ばせられる
阿弥陀仏の本願を心に憶《おも》えば
自然に即座に浄土へ迎えられる位に入る
それゆえにひたすら如来のみ名をとなえて
大悲弘誓の恩を報いたてまつれ、と
天親菩薩は『浄土論』を作り
無礙光如来に帰命したてまつると告げたまい
経典によって真実をあらわしたもうた
弥陀の横超の大誓願を証したもうた
ひろく弥陀の本願力の廻向の正意によって
衆生を救うために一心の信心をあらわしたもうた
弥陀の功徳の大宝海に帰入すれば
かならず弥陀の僧伽《さんが》*に加えられ
浄土の蓮華の上に生まれ出れば
すみやかに真如法性*の身が得られ

しかも煩悩の世界にもどって神通力をあらわし
生死に迷う衆生を、遊ぶがように救うと説きたもうた
梁《りょう》の天子は本師曇鸞のおわしますところに
つねに向って菩薩と礼拝しておられた
大師に浄土のみ教えを授けたのは菩提流支三蔵法師であり*
大師はそれゆえに仙経を焼き捨て浄土教に帰依された*
大師は天親菩薩の『浄土論』を註解して
報土往生の原因も結果もすべてが本願にあることをあらわしたもうた
往相・還相の廻向はすべて弥陀の他力による
かならず浄土に往生するための原因はただ信心だけである
煩悩に惑い染まる凡夫が信心を起こせば
煩悩の身のまま涅槃にいたると明らかに知り
光明かぎりない浄土に必ずいたれば
ふたたび戻ってすべての者を救うと説きたもうた
道綽《どうしゃく》大師は聖道門の悟りの困難を説いて
ただ浄土に入るべきことを明かしたもうた

善行はすべて自力であると貶《おと》しめられ
あらゆる功徳の満ちる名号のみを称《とな》えよとすすめられた
*三不《さんぷ》信・三信の教えをねんごろに説いて
悪の世に生きる者をも弥陀は等しく浄土にみちびきたまい
われらは生涯にわたって諸悪を犯すとも、弥陀の弘大なる誓願にあえば
安養の浄土にいたって妙《たえ》なる悟りを得ると説きたもうた
善導和尚は一人弥陀のみ心をよく察して
自力の善の行者も極悪人も等しくあわれんで
弥陀の光明と名号が浄土へおもむく因縁であることをあらわしたもうた
本願の大智の海に帰入すれば
行者はまさしく金剛の信心を受け
慶喜しつつ念仏をとなえれば
韋提希夫人《いだいけぶにん》と等しく*三忍を得
悟りの永遠の安楽を得ると説きたもうた
源信僧都は釈尊一代の説法をひろくひもどき
みずから安養の浄土に帰依してすべての衆生にすすめたもうた

念仏を保持する心に浅い深いがあって
信心の深い者は報土におもむき、浅い者は化土におもむくことを区別したもうた
極重の悪人はただ念仏をとなえよ
私もまた弥陀の摂取のなかにいるが
煩悩が眼をさえぎって見ることができない
とはいえ弥陀の大悲はやすむことなくつねに私を照らしたもうと説きたもうた
本師源空聖人は仏教にあきらかであり
善悪の凡夫を等しくあわれみたまい
真実の教えと悟りとをはるかな日本にもたらし
弥陀の選択したもう本願を悪世にひろめたもうた
われらが迷いの世界を流転するのは
本願を疑うゆえであると示し
すみやかにしずけき悟りの浄土に入ってゆくのは
必ずこの信心によると説きたもうた
これら論家の教えも祖師の解釈もすべてが心を同じうして
数かぎりない極悪人を救いたもう

今の世の僧侶も俗人もことごとくみな
これら高僧の教えをただ信じたまえ

以上でもって六十行を終えた。一百二十句である

顕浄土真実行文類二（浄土真実の行をあきらかにする文類）

顕浄土真実信文類三

けんじょうどしんじつしんもんるい

顕浄土真実信文類序

愚禿釈の親鸞が述べる

思うに、私たちが信心を得るというのは、阿弥陀仏がことに選びたもうた念仏の本願から起こっている。「南無阿弥陀仏」というみ言葉にこもっている阿弥陀仏おんみずからの清浄・真実なる信心を、私たちは与えていただくのである。釈尊は大慈悲心によって、善く巧みな手段をもちいてこのことを明らかにしたもうた。にもかかわらず末法の世に生きる僧俗の人びとも、近ごろの諸宗派の師たちも、自分の心にのみとらわれて、浄土における真実の悟りをおとしめている。定善や散善の仏道修行によって自分の力で浄土へ往生しようと思い、阿弥陀仏が与えたもう金剛の信心を知ろうとしない。

それゆえに私愚禿釈の親鸞は今、もろもろの仏如来の真実の教えを信じて従い、浄土の教えにたいして立てられた諸菩薩の論や、祖師たちの解説をもひもどいた。広く浄土三部経にみなぎる光を浴びながら、ことに一心の信心について説きたもうた世親菩薩の『浄土論』の、蓮華のような文章に接したのである。以下には浄土の教えについて質疑の形で論じ、最後にこの教えの真実について、明らかに証明する。私は釈迦・弥陀二尊の仏恩の深重を思い、報謝のためにこのような文集を編むのである。人びとの嘲りを受けることは恥じない。浄土を願う人びとも、穢土をいとう人びとも、これらの文集に取捨選択をくわえられてもよい。しかし、否認や誹謗はつつしまれよ。

顕浄土真実信文類三

愚禿釈の親鸞が集める

第十八の至心信楽《ししんしんぎょう》の願　浄土往生の定まったもの

阿弥陀仏によって浄土へ往生せしめられる（往相廻向）ことについて、つつしんで思いをめぐらせば、往生のための原因として大いなる信心がある。大いなる信心は、長生不死を得せしめられる不思議な処方であり、浄土を願い穢土をいとわしめるための妙えなる手段であり、阿弥陀仏みずからが選んで衆生に与えたもうたまことの心であり、深く広くすべての衆生を救うために与えたもうた信心であり、金剛のごとく壊れることのない真実心である。実際に往生するものは少ないとしても、たやすく往生できる清浄なる信心であり、阿弥陀仏の大慈悲心から放たれた光明によって摂《おさ》め護られている一心であり、希有なる最も勝れた大信心であり、世俗の心では信じがたい悟りへの近道であり、大涅槃を得る真実の原因であり、きわめて速く弥陀の徳のすべてをいただいて浄土へいたる白道であり、弥陀の悟りの徳がすべてそなわった信心の海である。

この信心は、第十八の「念仏によって往生せしめたもう願（念仏往生の願）」より生まれ出ている。この大いなる誓願を「阿弥陀仏が特に選びとりたもうた願（選択《せんじゃく》本願）」と名づける。また、「至心・信楽・欲生の三心を往生の原因と選びとりたもう願（本願三心の願）」と名づける。また「弥陀の真実信心を与えて往生せしめたもう願（至心信楽の願）」と名づける。また「信心によって往生せしめたもう願（往相信心の願）」とも名づけることができる。

ところで、つねに迷いの世界に埋没する凡愚のものたち、迷いの世界を流転しつづけている衆生にとっては、無上の妙えなる悟りが成就しがたいのではない。悟りをひらくための原因である真実の信心を得ることがまことにむつかしいのである。

何ゆえかといえば、真実の信心は、阿弥陀仏の不可思議な威神力によって起こさしめられるゆえである。ひろく大慈悲の広大なる智慧の力によって起こさしめられるゆえである。人びとは、そのような弥陀の働きをそのまま信じることができない。それゆえに、真実の信心が得られないのである。しかし、たまたま清浄なる信心を得れば、この心は覆《くつがえ》されることがない。この心に虚偽《いつわり》がない。それゆえに、極悪深重の衆生も、必ず往生して成仏できることを大いによろこび、もろもろのみ仏の深い愛を受ける。

至心信楽の本願の文としては、『大無量寿経』に、つぎのようにのたまわれている。

たとえ私が仏になることができるとしても、全宇宙の衆生が、*私が真実心をこめて廻向する信心を喜んで受けとり、私が造った国に生まれようと欲して、一度でも十度でも念仏するとしよう。そこでもし生まれることができなければ、私は仏にならない。ただ五逆の大罪を犯したものと、正しい仏法を誹謗するものとは除こう。〈以上〉

また『大無量寿経』の別訳『無量寿如来会』には、つぎのようにのたまわれている。

もし私が無上の悟りを証し得たときに、他の仏国土に住むもろもろの生きものが、私の名を聞き終えて、あらゆる善根をそなえた念仏を私の廻向するままに受け取り私が造った国に生まれようと願って、一度でも十度でも念仏するとしよう。そこでもし生まれることができなければ、私は仏にならない。ただし、*無間地獄に堕ちるべき悪業を犯した者と、正しい仏法およびもろもろの聖人を誹謗する者とは除こう。〈以上〉

本願成就の文

第十八の本願が成就したことを証明する文としては、『大無量寿経』につぎのようにのたまわれている。

あらゆる衆生が阿弥陀仏の名号を聞いて信心して歓喜し、一度でも念仏をとなえたとしよう。*阿弥陀仏はこの名号を、真実心をこめて衆生に廻向したもう。それゆえにかの国に生まれようと願ずれば、そくざに往生を約束されて、もはや退転しない位に住むであろう。ただし、五逆の大罪を犯した者と、正しい仏法を誹謗する者とはのぞく。〈以上〉

『無量寿如来会』には、つぎのようにのたまわれている。

他の諸仏の国土に住む有情たちが無量寿仏の名号を聞いて、よく一念の清浄なる信心を起こして歓喜せしめられ、如来おんみずからの善根を廻向したもうことを愛し楽しんで無量寿国に生まれようと願えば、すべてのものがその願に応じて生まれ、不退転ないし無上正等菩提を得よう、と。無間地獄に堕ちるべき五つの大罪を犯した者と、正法を誹謗する者および聖人をそしる者は除く。〈以上〉

また、『大無量寿経』には、つぎのようにのたまわれている。

教えを聞いてよく忘れず、見て敬い、信心を得て大いによろこべば、すなわちわがよき親友である。それゆえに、まさに信心を起こせ。〈以上〉

また、『無量寿如来会』には、つぎのようにのたまわれている。

これらのものたちは、広大にして勝れた悟りを得た人である。よく広大なる仏法を悟ることができて、他の仏国土に異なる極楽浄土に生まれよう。〈以上〉

また、つぎのようにものたまわれている。

阿弥陀仏の名号の功徳は、仏のみがみずから知っておられる。ただ釈迦牟尼世尊がおわしまして、よく開示したもうのである。天や龍や夜叉の及ばぬところである。声聞や縁覚も阿弥陀仏については、おのずから沈黙せざるを得ない。もしもろもろの衆生が、同時に仏になり、普賢菩薩の行の功徳よりも勝れた大涅槃を悟り、考えられないほどの長きにわたってこのみ仏の功徳を説いたとしても、ついに説き尽すことはできない。あまりの長時間の説法のさなかに、説く仏たちは入滅してしまうほどであるが、なお阿弥陀仏の勝れた智慧を推し測れないのである。このように無量の功徳のある阿弥陀仏の名号であるゆえに、名号を聞いて心から信じて喜び、釈尊やもろもろの高僧がたの導きをうけて、このような深妙の教えを聞くことができれば、まさにもろもろのみ仏たちに深く愛されることができよう。阿弥陀仏の勝れた智慧は、虚空にあまねく満ちている。弥陀が説かれた正しい教えを悟るのは、ただみ仏たちだけである。それゆえに、ひろく弥陀の浄土について聞き、仏の教えの真実の言葉を信じるべきである。人の身に生まれることは、はなはだむつかしい。如来の世に出でたもうときに遇《あ》うことは、またむつかしい。またたとえ遇えたとしても、教えを信じることはむつかしい。智慧がひらけ信じる心が定まったときに、はじめて遇うことができるのである。それゆえに、念仏の行を修めようとするものは精進して教えを聞かなければならない。このような妙法をよく聞きおえれば、諸仏はつねによろこびたもう。〈抄出〉

曇鸞和尚の『浄土論註』には、つぎのように説かれている。

『浄土論』には、「阿弥陀仏のみ名をとなえて、かの如来の光明智慧の相にふさわしく、その名義にふさわしく、内実にふさわしく修行し、あいかなおうと思うがゆえに」と説かれている、と。「称彼如来名《しょうひにょらいみょう》（かの如来のみ名をとなえて）」というのは、無礙光如来のみ名をとなえることである。「如彼如来光明《にょひにょらいこうみょう》智相《ちそう》（かの如来の光明智慧の相にふさわしく）」というのは、仏の光明は智慧の相である。この光明は全宇宙を照らして何ものにも障害されない。よく全宇宙の衆生の無明の闇黒をのぞく。日や月や珠の光が、ただ洞窟のなかの闇を破るような、限られた闇を破るものではない。「如《にょ》彼名義《ひみょうぎ》欲如実修行相応《よくにょじつしゅぎょうそうおう》(その名義にふさわしく、内実にふさわしく修行し、あいかなおうと思う)」というのは、かの無礙光如来の名号は、よく衆生の一切の無明を破る。よく衆生の一切の志と願いを満たしたもうのである。

しかしながら、名をとなえ心に思いつづけても、無明がなお存続して願いが満たされないことがあるのは何ゆえかと言えば、その者は内実にふさわしく修行しておらず、み名にもあいかのうていないゆえである。何をもって内実にふさわしくない修行(不如実修行)とみ、名にあいかなわない(名義不相応)行いとするかと言えば、阿弥陀仏が真理の法を悟られた仏(実相身)であると同時に、すべての衆生を救うために形をもった阿弥陀仏(為物身)となられ、直接働きかけておられることを知らず、ただ漠然と阿弥陀仏を仰ぎ念仏をとなえることを言うのである。また、み名にあいかなわないということには三種類がある。一つには、信心があつくなく、起こったり消えたりするような有様であるゆえに、如来のみ名にあいかなわないのである。二つには、阿弥陀仏のみを信じるのではなく、阿弥陀仏に対する信心が決定していないゆえである。三つには、信心が持続せず、他の思いがまじるゆえである。この三種類の不相応が、たがいに関連して不信をかたちづくる。

すなわち、信心があつくないゆえに決定せず、決定しないがゆえに念仏がつづけられず、また、念仏がつづけられないゆえに決定した信を得られず、決定した信が得られないゆえに信心があつくないのである。これと異なった真実信心を、「内実にふさわしく修行し、あいかなう（如実修行相応）」と名づけるのである。正しく阿弥陀仏に帰依された世親論主は、この道理をもってのゆえに、『浄土論』のはじめに「我《が》一心」とのたまうのである。〈以上〉

曇鸞和尚がお作りになった『讃《さん》阿弥陀仏偈《げ》』には、つぎのように説かれている。

あらゆるものが阿弥陀仏の徳号を聞いて、信心歓喜し、聞くところをよろこんで、一度でも念仏をとなえたとしよう。そのとき真実者である阿弥陀仏は、必ず真実なる心を廻向したもうのである。それゆえに浄土に生まれようと願えば、すべてのものが往生せしめられる。ただし、五逆の大罪を犯したものと正法をそしるものとは除く。このように必ず往生せしめたもうゆえに、天親菩薩は頂礼して往生を願われた。〈以上〉

光明寺の善導和尚の『観経疏』の「定善義」には、つぎのように説かれている。

「如意《によい》（意のままに）」ということばには二つの意味がある。一つには、衆生の意《こころ》のままにという意味であって、私たちがどのような心の持主であろうと、弥陀はそれぞれの心に応じて救ってくだされる、という意味である。二つには、弥陀の意のままにという意味である。弥陀の全能の智慧の眼《まなこ》が全宇宙を照らして、六種の神通力が自由自在に浄土へ迎えるべき者たちのもとにとどいている。弥陀は一瞬のうちに衆生の前に身も心も現わされる。みずからの身と口と心でもって悟りを開かしめてくだされるのであるが、しかも衆生の器量に応じて、おのおのにふさわしい仏道を示してくだされる。〈抄出〉

また、『観経疏』の「序分義」には、つぎのように説かれている。

この五濁*にまみれ五苦*に苦しむことは、六道輪廻*の世界に通じていて、まぬがれるものはない。つねに六道にあって苦悩するのである。もし、この苦を受けないものがいるとすれば、そのものは凡夫の仲間の数には入らない。〈抄出〉

また、『観経疏』の「散善義」には、つぎのように説かれている。

『観無量寿経』の「何等為三《がとういさん》（何を三つと数えるのか）」から「必生彼国（必ずかの浄土に生まれる）」にいたるまでの文章は、まさに、発心には三種の心があることを判定して、それが往生の正しい原因であることを明らかにしている。そこには二つの事柄が述べられている。一つには、釈尊は衆生の器量にしたがって往生浄土の利益をさまざまに説いておられるのであるが、その真意は深く、私たちには知られがたい。釈尊が、私が何故このように説くのであるかとみずから問い、みずから意味を明らかにされるのでなければ、真意を理解できないことを明らかにしている。二つには、釈尊がそれゆえに、ふたたびみずから、この三心について答えておられることを明らかにしている。

そこで『観無量寿経』には、「三心の一は至誠心である」と説かれている。この『至』とは真であり、『誠』とは実の意味である。私（善導）はこの至誠心については、すべての者が、身と口と心でもって行なうあらゆる学行にかんして、かならず弥陀が真実心のうちで為された修行をいただく必要があることを、明らかにしようと思う。人間はすべて、自分の心に虚仮《こけ》をいだいている。それゆえに、外に賢者・善人・精励者の相《すがた》をあらわしてはならぬ。私たちは、貪《むさぼ》り瞋《いか》る者であり、邪《よこし》まであり、偽りであり、奸佞《かんねい》であって、詐欺を行ない、あらゆる行為にわたって悪なる性質をあらわさないことがない。この意味では、蛇にも蝎《さそり》にも等しい存在である。人間がいかなる善行をしようと、「雑毒の善（毒まじりの善）」と名づけるのである。また、「虚仮の行」とも名づけるのである。「真実の行」とは名づけない。たとえこのような者が仏道修行をつとめて、一日中身も心も苦しげに駆りたてて、四六時中、頭上に燃える炎を払うがように動きまわっていても、凡夫のおこないはすべて「雑毒の善」と名づける。この毒まじりの善をささげて、かの浄土に往生しようとしても、断じて不可能である。なんとなれば、まさにかの阿弥陀仏は法蔵菩薩として修行を続けておられた時には、その身と口と心によるすべての行いを、一瞬一瞬、真実なる心をこめて行じておられたゆえである。その果報として造りたまえる浄土に、私たちの毒まじりの善をささげて、往生できるはずはない。私たちは弥陀の廻向によって、浄土を願い求める心を起こさしめられている。それゆえにすべてが真実である。この真実ということには、また二種類がある。一つには自力（自利）の真実であり、二つには他力（利他）の真実である。（中略）そなたらが、悪を捨てようと望むのであれば、かならず弥陀が悪を捨てて修行したもうた、その真実心をいただけ。またもし善をなそうと望むのであれば、かならず弥陀が善を修行したもうた、その真実心をいただけ。仏教徒も外道も賢者も愚者も、すべて弥陀の真実心をいただくゆえに、「至誠心」と名づける。

「三心の二つめは深心である」ということについて。深心《じんしん》とは深く信じる心である。これにはまた二種類がある。一つには心を決して「自分は現に迷いの世界を流転する罪悪の凡夫であり、無限の過去よりこのかた、つねに沈み、つねに流されて、迷いから離れでる手がかりがない」と深く信じよ、ということである。二つには心を決して「かの阿弥陀仏の四十八願が、衆生を極楽浄土に収めとりたもうことは疑いない、それゆえにためらうことなく、かの弥陀の願力に乗っておまかせすれば、かならず往生を得る」と深く信じよ、ということである。

また、心を決して深く「釈尊はこの『観無量寿経』のなかに、*三福*九品《くほん》・*定散二善を説いて、かの仏の*依正《えしょう》二報を証明し賞讃し、人びとに願い慕わしめておられる」と信じることとである。また心を決して「『阿弥陀経』のなかで全宇宙のガンジス河の砂の数にも等しい無数の仏たちが、一切凡夫のために、弥陀を信じて念仏すれば必ず往生できることを証明し勧めておられる」と深く信じることである。

　このように深く信じるものは、仰ぎ願わくば、一切の行者が一心にただ仏語を信じて身命をかえりみず、行においては必ず釈尊が捨てよと命じられた自力の行を自分も捨て、釈尊が行ぜよと命じられた念仏行を自分も行じ、釈尊が離れよと命じられたこの悪世界を自分も離れて往生したまえ。これを「釈尊の教えに随順し、全宇宙の諸仏が証明したもうみ心に随順する」と名づける。これを「弥陀の本願に随順する」と名づける。これを「真の仏弟子」と名づけるのである。また、ただよくこの『観無量寿経』に説かれた行を深く信じるすべての行者は、けっして自分が迷うことも他人をあやまらせることもない。何ゆえかといえば、『観無量寿経』を説かれた釈尊は、大慈悲を満足しておられるお方であるゆえである。釈尊のみ言葉は真実であるゆえである。釈尊以外の、その境地にいまだ到達していないものは、智慧も修行もいまだ十分ではない。いまだ学ぶべき境地にあって、煩悩（正）および煩悩のなごり（習）という二つの障害が、いまだ除かれていないゆえに、仏果を得る願いがいまだ十分に満たされてはいない。これらの未熟な凡人や聖者は、たとえ諸仏の教えの意味を推し量るとしても、決定した了解は得られない。それゆえに、道理を明らかに知ったとしても、必ず釈尊の証明を得て、それによって正しいと定めるべきである。何事であれ釈尊のみ心にかなえば、釈尊はそくざにその正しさを証明して、「そうである（如是如是）」とのたもうのである。もしみ心にかなわなければ、そくざに「おまえたちの説くところは正しくない」とのたもうのである。釈尊が承認されないものは、すなわち無意味・無利・無益の言葉にひとしい。釈尊が承認したもうものは、釈尊の正しい教えにしたがっているのである。釈尊が説きたもうた言葉は、すなわち正しい教えであり、正しい理論であり、正しい修行であり、正しい了解であり、正しい行為であり、正しい智慧である。すべて菩薩や人間や天人などが、どれほど大勢あつまって論議しようと、釈尊の教えの是非を判定することはできない。釈尊の説きたもうところは、すなわち完全な教え（了教）である。菩薩らの説はことごとく不完全な教え（不了教）と名づけるのである。よく知るべきである。それゆえに、いま仰いで一切の往生浄土を願う縁のある人びとにすすめる。ただ釈尊のみ言葉を深く信じて、もっぱら心を注いで定められた修行を奉じ行なうことを。菩薩らの仏意にそぐわぬ教えを信じ用いて疑いを生じ、惑いをいだいて、みずから迷って往生という大いなる利益を失ってはならない。〈中略〉

釈尊は一切の凡夫に、「この一身をつくしてもっぱら念仏を修め、命を終えたのちに、必ずかの国に生まれよ」とすすめておられる。全宇宙の諸仏もことごとく釈尊と同じように念仏の功徳を讃えられ、念仏往生を勧められ、念仏によって必ず往生できることを証明しておられる。何ゆえに同じように讃え勧め証明されるかといえば、仏はすべて同一の悟りから起こされた大慈悲心をもっておられるゆえである。それゆえに一仏の教化したもうところは、一切の仏の教化されるものである。一切の仏の教化が、一仏の教化である。それゆえに『阿弥陀経』のなかに、つぎのように説かれている。「釈尊は極楽のさまざまな荘厳を讃嘆したもう。また、一切の凡夫に一日でも七日でも、一心に弥陀の名号をもっぱら念仏することをすすめて、必ず往生させせられる」と。また、その後の経文では、十方のおのおのにガンジス河の砂の数にも等しい無数の仏がおわしまして、「釈尊はよく、五濁の悪時の悪世界の悪衆生に悪なる見解や悪なる煩悩や悪信・邪信・無信が盛んである時に、弥陀の名号を指し示してたたえ、衆生にすすめ励まして念仏をとなえさせ、必ず往生させられる」とたたえたもうと説かれているのである。これが、その証明である。また、全宇宙の仏たちは衆生が釈迦一仏の所説を信じないことをおそれて、ともに心を同じくし、同時におのおの舌相を出して、あまねく三千世界を覆い、つぎのように釈尊の教えの真実を誠の言葉で説いておられる。「汝ら衆生よ、みなこの釈迦牟尼仏の説きたもうところ、たたえたもうところ、証明したもうところを信じよ。一切の凡夫が罪や福徳の多少や、以前から念仏しているか、近ごろ念仏をとなえはじめたかということなどを問題とせず、長い者は百年間、短い者はわずか一日や七日であろうと、よく一心に弥陀の名号をもっぱら念仏すれば、往生が定まっていることは必ず疑いない」と。このように釈尊一仏の説きたもうところを、あらゆるみ仏が心と言葉を同じゅうして証明したもう。このように信じることを、「釈尊の教えであるゆえに信じる（人について信を立てる）」と名づける。〈中略〉

またこの正行については、また二種類がある。一つには、一心に弥陀の名号をもっぱら念じて、どんなことをしている時でも（行住坐臥）、念仏をとなえる時間の長短を問わず、一瞬たりとも捨てないでとなえることを、「往生が正しく定まる行（正定の業）」と名づけるのである。これは、阿弥陀仏の本願に従うがゆえに正しい行である。念仏以外の礼拝や読誦などを行なうのは、「傍《かたわ》らの行（助業）」と名づける。この正業・助業の二行を除いて、その他のもろもろの善行はことごとく「雑行」と名づける。〈中略〉すべてを「浄土に疎遠なる雑の行」と名づける。

以上のように念仏の行を深く信じることを「深心」と名づけるのである。

「三心の三つめは廻向発願心である」ということについて。〈中略〉また、廻向発願

(浄土におもむこうと願いを起こす) してかならず真実報土に生まれようとする者は、だれもが、弥陀が真実心をこめて私たちに廻向したもうておられる本願をいただいて、かの浄土に生まれようという心を起こすべきである。この心は、金剛のようにかたく深く信じているがゆえに、一切の*大乗仏教以外の見解や、大乗仏教以外の学問や、釈尊の本意とは別の解釈や、釈尊の本意とは別の修行をなす人らによって、心が乱されたり壊されたりすることはない。必ず一心に阿弥陀仏の本願を信じてひたむきに進み、他の教えに従う人びとの言葉に耳を傾けてはならない。反対に、ためらいの心が生じて臆病になり、後ろをかえりみれば、道をふみあやまって、往生という大いなる利益をそくざに失うのである。

問う。もし教えの解釈も修行の仕方もことなる邪心・雑行の人びとがいて、来たって私を惑乱し、あるいはさまざまな疑問や論難をもたらして、「おまえは往生できない」と言えば、どうすればよいでしょう。彼らは、「おまえたち衆生は、凡人であろうと聖者であろうと、永劫久遠のむかしより生死をくりかえしてきた間にも、また今の世においても、体と口と心でもって十悪・五逆・*四重・謗法・*闡提《せんだい》・破戒・*破見などの罪をことごとくつくってきている。いまだ除きつくすことはできていない。これらの罪は、おまえたちを*三界の悪道にひきずってゆくものである。どうして、わずかに一生のあいだ福徳を修めたり念仏をとなえるだけで、煩悩の苦しみも悪もなく生滅すら超越した清浄な浄土へすみやかに往生して、永遠に二度と迷いの世界にもどらないという位を悟ることができよう」とも言うのです。

答う。諸仏が説きたもう教えと修行の方法は、塵や砂の数以上のものがある。また、悟りをさずかるものたちの機縁も、そのものの性《さが》に従って同一ではない。たとえば世間の人が一見して信じられるように、明は闇を破り、空は万物をふくみ、地は万物をのせて養育し、水は万物をうるおして生かしめ、火は成長させ、また破壊する。これらはすべて、特定のものにたいする働きであるゆえに「待対《たいだい》の法」と名づけられる。すなわち、眼に見えるものであっても働きの現われ方は千差万別である。ましてや、私たちには推し量ることもできない不思議な仏法の力に、さまざまな働きと利益がないことがあろうか。あまたの教えの中の一つに従って煩悩を滅するのは、その教えによって一つの煩悩を滅したのである。他の煩悩を滅することにはならない。あまたの教えの中の一つに従って正しい智慧を得るのは、その教えによって一つの智慧を得るのであって、他の智慧までも得ることはできない。このように、それぞれの教えには、それぞれの働きがある。人は自分にふさわしい縁のある教えに従って行を起こし、おのおのが悟りを求めればよいのである。にもかかわらず、おまえはどうして、念仏する私に、それ以外の、私に無縁な修行をすすめて、惑わせるのか。私が念仏を有り難く思うのは、念仏に縁があるゆえである。念仏はおまえが求めているものではない。おまえが大切に思っているものが、おまえに有縁の行であって、私の求めるものではない。それゆえに、おまえも私も、それぞれの好むところにしたがってその修行をすれば、かならず速やかに悟りをひらくことができるのである。仏道を行じる者はまさに知るべきである。学を志すだけであれば、在家のための教えも、出家のための教えも、悟りそのものについての教えも、すべて障害なく学ぶことはできる。しかし、行を学ぼうと志すのであれば、かならず有縁の教えによれ。そうすれば、わずかな苦労でもって大いなる利益が得られる。

また、一切の往生を願う人たちに申しあげる。さらにいま、念仏行者のために一つの譬喩を説いて信心を守護し、もって外道の邪見や異見に乱されることを防ごう。どのような譬喩であるかといえば、たとえば一人の人がいて、西にむかって百千里の道を歩んでいるとしよう。途中に忽然《こつぜん》として、二つの河が現われ出るのである。一つは火の河であって南側にあり、いま一つは水の河であって北側にある。二つの河はいずれも幅は百歩であるが、底なく深く、南側にも北側にもはてしなく続いている。その水と火の二つの河の中間に、一筋の白道《びゃくどう》がある。幅はわずか四、五寸である。この白道は東岸より西岸にいたるまで、長さはおなじく百歩である。しかし水の河の波浪が上を覆っている。

火の河の炎もまた道を灼《や》いている。路上には水火があいまじわり、休むことがないのである。この人はこれまで、はてしない広野をたどってきたが、人らしい人（人物）には会わなかった。あまたの群賊や悪獣がいて、この人が一人であるのを見て、こぞって襲い殺そうとするのみである。この人は死をおそれ、真直ぐ西へ逃げ走って、忽然《こつぜん》としてこの大河を見たのである。この人はみずから心に呟《つぶや》いた、「この河は南にも北にも果てがない。中間に一筋の白道が見えるが、幅はきわめて狭い。対岸はほど遠くないとはいえ、どうして行き着くことができよう。私は今日死ぬにちがいない。もとの道を帰ろうとすれば、群賊や悪獣がしだいに迫ってくる。南や北に逃げ去ろうとしても、悪獣や毒虫がわれがちに私に向ってくる。真直ぐ西にむかって道を辿ろうとしても、おそらくこの水火の河のどちらかに落ちてしまうであろう」このときにあたって生じた恐怖は、言うべからざるものがあった。しかし、この人はみずから、「私はいま引き返しても死ぬであろう。とどまっても死ぬであろう。前へ進んでも死ぬであろう。いずれも死をまぬがれないとすれば、私はむしろ、この白道をたずねて前にむかって進もう。道は確かにある。きっと渡れる」と思念した。この思いをなしたときに東の岸で、たちまち人がすすめる声を聞いた。「汝、ひたすら決定してこの道を尋ねてゆけ。必ず死の難はない。もしとどまれば、たちまち死ぬであろう」と。また、西の岸の上に人があって、呼ばわって、

「汝、一心に正しく念仏して、すぐに渡ってこい。私がよく汝を護ってやろう。途中で水や火の難に堕ちることをおそれてはならぬ」と言った。この人は、すでにこちらの岸にあってすすめられ、彼方の岸にあって呼ばれる声を聞いて、即座に、みずから心身を正しくととのえ、決断して道を尋ね、真直ぐに進んで疑心も臆病心も退心も生じなかった。しかし一歩二歩と進むと、東岸にせまってきた群賊などが呼ばわって、「おまえ、帰ってこい。その道は険悪であって渡ることはできない。まちがいなく死んでしまう。われらはみな悪心があって、お前に向っているのではない」と言った。この人は呼ぶ声を聞いても、かえりみることはなかった。一心に真直ぐに進んで道を念じて行くと、たちまちにして西の岸にいたり、永久にもろもろの難を離れた。善友と会って、ともに慶楽することは、尽きることがないようであった。

以上が譬えである。つぎに譬えの意味を述べれば、「東の岸」というのは、この娑婆の火宅の譬えである。「西の岸」というのは、極楽宝国の譬えである。「群賊・悪獣が偽《いつわ》り近づく」というのは、衆生の六根*・六識*・六塵*・五陰*・四大*などの、煩悩にみちる人身そのものの譬えである。「無人の荒野（無人空逈《くうきょう》の沢）」というのは、つねに悪友に親しんでいるということである。それは人無きにひとしく、真の善知識に会わないことの譬えである。「水火の二河」というのは、衆生の貪りや愛を水に、瞋《いか》りや憎しみを火に譬えるのである。「中間にある白道の幅はわずか四、五寸」というのは、衆生の貪りや瞋りに満ちた煩悩のなかに、往生を願う清浄なる心が生まれることの譬えである。貪りや瞋りは強力であるゆえに「水火のようである」と譬え、善心は微弱であるゆえに「白道のようである」と譬える。また、「波浪がつねに道を覆っている」というのは、愛欲の心がつねに起こって善心を汚染することの譬えである。また、「炎も道を灼いている」というのは、瞋りや嫌悪の心が功徳の法財を灼《や》くことの譬えである。「この人が道の上を歩いて真直ぐに西に向う」というのは、もろもろの雑行をひるがえして、ひたすら西方浄土に向うことの譬えである。「東の岸に人の声が白道を渡るようすすめるのを聞いて、道を尋ねて真直ぐに西に進む」というのは、釈尊がすでに入滅したもうて、後世のものが遇うことはできないが、教えが残っていて尋ねることができることの譬えである。教えにふれることを〝声のようである〟と譬えるのである。「一、二歩進むと、群賊らが呼びかえす」というのは、大乗仏教の中の本来の教えとはことなる解釈や修行をするものや、間違った見解の持主たちが、勝手な見解を説いてたがいに惑乱しあい、みずから罪をつくって仏道から退転していることの譬えである。「西の岸の上に人があって呼ぶ」というのは、弥陀の願意の譬えである。「直ちにして西の岸にいたり、善友と会ってよろこぶ」というのは、衆生が久しく生死流転の世界に沈み、永劫のむかしより輪廻し、迷いに堕ちこんで自分で自分を縛って解脱の手段がない。それを釈尊がすすめて、西方浄土に向えと教えたもう仰せを仰ぎみて受け、また弥陀の慈悲心がまねき呼びたもうことによって、この二尊のおん心に信じ順《したが》って水火の二河をかえりみることなく、一瞬たりともみ心を忘れることなく、かの願力の道に乗って進んでゆくのである。そして命を終えた後に、かの浄土に生まれることができて、仏と遇って慶喜することに限りがないことを譬えるのである。

一切の行者が体と口と心の三つでもって修行を修めるにあたり、行住坐臥いかなる振舞いをしていようと、昼夜時節をとわず、つねに阿弥陀仏の本願によって往生せしめられると領解し、念仏すれば必ず往生できるとつねに信じるがゆえに、「廻向発願心」と名づけるのである。また、「廻向」というのは、かの浄土に生まれたあとで、大慈悲心を起こし、生死の世界に再び帰入して衆生を教化することをも「廻向」と名づける。以上の至誠心・深心・廻向発願心の三心を具えるにいたれば、もはや往生のための行も成就している。願いと行とが成就して、しかも浄土に生まれることができないという道理はない。またこの三心は、『観無量寿経』では、散善を修する者の起こすべき心とされている。しかしその前に説かれている定善を修するときであっても起こすべきものであり、すべて往生のための行に必要なものである。よく知るべきである。〈以上〉

また、善導和尚の『般舟讃』には、つぎのように説かれている。

浄土の教えを聞く人びとにうやまって申しあげる。あなた方は大いに慚愧するべきである。釈迦如来はまことに慈悲ある父母であって、説く相手の器量に応じ、さまざまな方便を用いて、私たちに無上の信心を起こさしめたもう。〈以上〉

*『貞元の新定釈教の目録』巻第十一には、つぎのように説かれている。

『集諸経礼懺儀《しゅうしょきょうらいさんぎ》』上下は大唐の西崇福寺の沙門智昇が選んだものである。貞元十五年十月二十三日に、勅命によって大蔵経に収められたといわれる。『集諸経礼懺儀』の上巻は、智昇が諸経によってこれを作ったなかで、『観無量寿経』によったものは善導の『往生礼讃』の「日中の時の礼讃文」を引用している。下巻は比丘善導が集め記したものであると書かれている。この『集諸経礼懺儀』によって『往生礼讃』の重要な文章を抜き出すと、「三心の第二は深心である。これは真実の信心のことである。この私は煩悩を具足する凡夫であり、善根は薄くわずかで、三界に流転して火宅を出ることがないと信知することである。同時に、いま弥陀の根本の弘大なる誓願は、名号を十度でもとなえたり聞いたりすれば、必ず往生させてくだされると信知して、一瞬たりとも疑う心を起こさないことである。それゆえに深心と名づける、と。〈中略〉かの弥陀仏の名号を聞くことができて、歓喜して一心にとなえれば、すべてのものがかの浄土に生まれるこ

とができる」。〈抄出〉

源信僧都の『往生要集』には、つぎのように説かれている。

『華厳経』の「入法界品《にゅうほっかいぼん》」には、つぎのようにのたまわれている。たとえば人があって、不可壊という薬を手に入れれば、一切の怨敵が襲うことができないようなものである。菩薩もそれと同様である。菩提心という壊されることのない心（法薬）を得れば、一切の煩悩ももろもろの悪魔も怨敵もこの菩薩を妨げることができない。たとえば水に入れても沈まないという住水宝珠を手にいれて、わが身を飾る瓔珞《ようらく》とすれば、深い水中に入っても沈んでおぼれることがないようなものである。菩提心という住水宝珠を得れば、煩悩の迷いの海に入っても沈み没することはない。たとえば金剛石はきわめて長い時間水につかりつづけても、爛《くさ》り壊れたり変化が生じることがないようなものである。菩提心もこれと同様である。いかに長時間煩悩の迷いの海に沈んでいようと、もろもろの煩悩の業によって打ちくだかれることも、損傷し磨滅させられることもない。〈以上〉

また、つぎのようにも説かれている。

私もまた、弥陀の光明に収めとっていただいている。しかし煩悩が眼をさえぎっていて、見ることができない。とはいえ、弥陀の大慈悲心は休むことなく、つねに私の身を照らしておられる。〈以上〉

以上によって、私たちの念仏も信心も、いずれも阿弥陀仏の清浄なる願心が、私たちに廻向されていることによって成りたっていることは明らかである。それ以外のものでは断じてない。私たちは、何の原因もなくて往生できるのではない。他人の仏道修行を原因とするのでもない。弥陀が廻向したもう浄信と大行をいただいて、みずからの信と行となることが、往生の原因である。よく知るべきである。

問う。如来の本願である第十八願には、〝至心に信楽し往生を欲すれば（欲生）〟と三つの心を発《おこ》すべしという誓いを起こしておられる。しかるに天親菩薩は『浄土論』において、何ゆえに〝一心〟と言っておられるのであろう。

答う。天親菩薩は、愚鈍の衆生に解りやすくするために一心と説かれたのである。阿弥陀仏は三心を発すべしと説きたもうた。しかし涅槃を得るための真実の原因は、ただ一つ信心のみである。そのことを明らかにされるために、天親菩薩は三を合わせて一とされたのであろう。私なりに三心のそれぞれの言葉の意味をさぐれば、三心は同一の信心であると思われる。その意味を明らかにするなら、第一の〝至心〟という言葉の〝至〟とは真であり、実であり、誠という意味である。〝心〟は種であり、実という意味である。第二の〝信楽《じょう》〟という言葉の〝信〟は真であり、実であり、誠であり、満であり、極《ごく》であり、成であり、用《ゆう》であり、重であり、審であり、験であり、宣であり、忠という意味である。〝楽〟は欲であり、願であり、愛であり、悦であり、歓であり、喜であり、賀であり、慶という意味である。第三の〝欲生〟という言葉の〝欲〟とは願であり、楽であり、覚であり、知という意味である。〝生〟は成であり、作であり、為であり、興という意味である。以上のことから明らかに知られる。「至心」とは弥陀が誠意をつくして往生の原因としたもうた真実（真実誠種《じょうしゅ》）心である。それゆえに、疑いがまじるはずはない。「信楽」とは真実と誠意に満ち満ちている（真実誠満《じょうまん》）心であり、究極のことが成就するために用いられる大事な（極成用重《ごくじょうようじゅう》）心であり、明らかに心から本願を信じる（審験宣忠《しんけんせんちゅう》）心であり、浄土往生を願って悦びにあふれる（欲願愛悦）心であり、身も心も喜びにあふれる（歓喜《かんぎ》賀慶《がきょう》）心であるゆえに、また疑惑がまざることがない。「欲生」とは往生を願って必ず成仏できると知る（願楽覚知）心であり、仏となることができるのは如来の本願力によることを知る（成作為興）心であり、弥陀の大慈悲心が廻向したもう心であるがゆえに、疑いがまじることがないのである。このように三心の言葉の意味をさぐれば、いずれも真実の心であって虚仮がまじることがない。正直の心であって邪偽がまじることがない。まことにもって知られる、疑いがいささかもまじることがないゆえに、これを「信楽」と名づけるのである。信楽は一心であり、一心は真実信心である。それゆえに、天親菩薩は『浄土論』の冒頭で一心と仰せられたのである。よく知るべきである。

また、問う。文字の意味に従えば、天親菩薩が三心を合わせて一心とされたことは道理があって正しいと思われる。とはいえ、阿弥陀仏は愚にして悪なる衆生のために、すでに三心の願を起こしたもうたのである。これを、どう考えるべきであるか。

答う。み仏の意思ははかりがたい。とはいえ、謹んで三心の願の意味を推量すれば、一切の衆生は無始よりこのかた、今日今時にいたるまで、穢れと悪に汚染して清浄の心がない。虚仮であり、偽りと諂《へつら》いに満ちて真実の心がない。それゆえに阿弥陀仏は苦しみ悩む一切の衆生をあわれみ悲しみたまい、苦しみから救うために、思いはかることもできない長劫年のあいだ菩薩の行を行じたもうたのである。その間体と口と心の三つでもって修められた修行は、一瞬一刹那たりとも清浄でないことはなかった。真実心で修行されないことはなかった。阿弥陀仏は清浄の真実心によって、欠けることのない、何ものにも妨げられない、不可思議・不可称・不可説の至徳を成就したもうたのである。弥陀はそのような真実心（至心）を一切の煩悩・悪業・邪智の衆生に廻向し施したもうたのである。これが利他の真実心であり、衆生に至心としてあらわれるものである。至心はこのように、弥陀の真実心そのものであるゆえに、疑惑がまじることはない。この至心は、阿弥陀仏の至徳の尊号、すなわち「南無阿弥陀仏」を根源としており、その名号の私たちへのあらわれである。

このことについて、『大無量寿経』には、つぎのようにのたまわれている。

法蔵菩薩の至心は、欲の思いも、瞋《いか》りの思いも、害の思いも生じない。それらにもとづく想像も起きない。どんなに美しい形態にも、声にも、香りにも、味にも、肌ざわりにも、物そのものにも執着しない。忍耐力を充分にそなえて、もろもろの苦しみをいとわない。欲望は少なく足ることを知って、執着や瞋りや痴愚の心がない。静かな悟りの境地にいて、智慧がすべてに通じている。嘘いつわりやへつらいだます心のあるはずがない。顔は柔和であり、言葉は愛に満ちて、相手の意思を察した上で質問を受けられる。仏道にいそしむ志は勇猛であり、精進して飽きることがない。もっぱら清浄潔白の教えを求めて、それをもってあらゆる者に恵みたもう。仏・法・僧の三宝を敬い、師匠や年長者に仕えたもう。完全なる修行をおさめ、あらゆる衆生に功徳を与えたもう。〈以上〉

『無量寿如来会』には、つぎのようにのたまわれている。

釈尊は阿難尊者につぎのように告げたもうた。「かの法蔵菩薩は、世自在王仏およびもろもろの天人や人間や悪鬼神や梵天や仏道修行者や婆羅門を前にして、このように弘大なる四十八の誓願を起こされ、すべてをすでに成就したもうた。世間に希有なる誓願を起こしおえて、その願いを必ず実現しようという堅い心で修行され成就された。そしてもろもろの功徳を具えて、威徳広大なる清浄なる極楽浄土を造られた。誓願を成就するために菩薩の行を無量・無数・不可思議の長劫年の間修行されたのである。その間、始めから終りまで、貪りの心も瞋りの心も痴愚の心も起こしたもうたことはなかった。どんなに美しい形態にも、声にも、香りにも、味にも、肌ざわりにも、物そのものにも執着されず、もろもろの衆生に対しては、親属のようにつねに愛と敬いを抱いておられた。〈中略〉その性質は穏かで調和し、暴悪なる心は少しもなかった。もろもろの衆生のためにつねに慈悲と忍耐の心を抱いて、詐り諂《へつら》うことはなく、また怠ることがなかった。法蔵菩薩は人びとに善を行なうように勧められ、もろもろの正しい教えを求めさせられる。そしてすべての衆生のために勇をふるって修行をつづけ退くことがなく、迷い苦しむ人びとを救うための大いなる誓願を、完全に成就したもうた」〈略出〉

光明寺の善導和尚の『観経疏』の「散善義」には、つぎのように説かれている。

衆生のおこないはすべて毒まじりの善である。この毒まじりの善をささげて、かの浄土に往生しようとしても、断じて不可能である。なんとなれば、まさにかの阿弥陀仏は法蔵菩薩として修行を続けておられた時には、その身と口と心によるすべての行いを、一瞬一瞬、真実なる心をこめて行じておられたゆえである。その果報として造りたまえる浄土に、私たちの毒まじりの善をささげて、往生できるはずはない。私たちは弥陀の廻向によって、浄土を願い求める心を起こさしめられている。それゆえにすべてが真実である。この真実ということには、また二種類がある。一つには自力（自利）の真実であり、二つには他力（利他）の真実である」〈中略〉

そなたらが悪を捨てようと望むのであれば、かならず弥陀が悪を捨てて修行したもうた、その真実心をいただけ。またもし善をなそうと望むのであれば、かならず弥陀が善を修行したもうた、その真実心をいただけ。聖者も凡人も賢者も愚者も、すべて弥陀の真実心をいただくゆえに、「至誠心」と名づける。〈抄要〉

以上の大聖釈迦牟尼仏の真実のみ言葉と、宗師善導和尚の解釈によって明らかに知ることができる。至心というのは、私たちの思考を絶している、口で言うことも、説明することもできない、阿弥陀仏のすべてのものを平等に救いたもう大智の誓願の海より廻向したもうた、すべてのものを救い成仏せしめるための真実心である。これを「至心」と名づけるのである。

これまで「真実」と言ってきたが、「真実」については、『涅槃経』につぎのようにのたまわれている。

真実の法にいたる道は、清浄なる一筋の道すなわち仏道だけである。二つあることはない。真実というのは、すなわち如来である。如来はすなわち真実である。真実はすなわち、いかなるときでも本質を失わない虚空である。虚空はすなわち真実である。真実はすなわち仏性である。仏性はすなわち真実である。〈以上〉

善導和尚の解釈のなかで「不簡内外明闇《ふけんないげみょうあん》（内も外も明も闇もえらばず）」と言われている。「内外」という言葉の、「内」は出世間、すなわち煩悩に苦しむ世界から、煩悩を滅して出離した人を意味する。「外」は世間、すなわち煩悩に苦しむ凡人を意味する。「明闇」という言葉の、「明」は出世間である。「闇」は世間である。また、「明」は仏智の光明を知る賢者のことであり、「闇」は煩悩によって無明なる愚者のことである。

『涅槃経』には、つぎのようにのたまわれている。

闇はすなわち世間である。明はすなわち出世間である。闇はすなわち無明である。明はすなわち仏智の光明である。

つぎに「信楽」というのは、阿弥陀仏が大慈悲心を完全に実現せしめられた、あらゆる功徳を欠けることなくそなえ、いかなる煩悩にも妨げられることなく、人びとに与えたもう信心の海である。それゆえに、疑いがまじることがない。このような弥陀の大慈悲心であるゆえに「信楽」と名づける。すなわち、信楽は阿弥陀仏が人びとを救い成仏せしめるために廻向したもうた真実心（至心）のあらわれである。一方、一切の衆生は無始よりこのかた無明の海に流転し、もろもろの迷妄の輪廻のなかに沈み、もろもろの苦の車輪に繋《つな》ぎ縛《いま》しめられて、清浄の信楽はない。その本性に真実の信楽がないのである。それゆえに、無上の功徳に遇いがたく、最も勝れた清浄の信心を獲得しがたい。あらゆる凡人や小乗の者は、あらゆる時において貪りや愛欲の心がつねに善心をけがし、瞋りや憎しみの心がつねに功徳の法財を焼いている。身も心も苦しげに駆りたてて、頭上に燃える炎を払うがように動きまわっていても、凡夫の行ないはすべて「毒まじり不純の善」と名づける。また、「虚仮《こけ》諂偽《てんぎ》の行」と名づける。「真実の仏道修行」とは名づけないのである。この虚仮であり毒まじりである善をささげて、無量の光明に満ちた浄土に生まれようとしても、断じて不可能である。なんとなれば、まさにかの阿弥陀仏は法蔵菩薩として仏道修行をつづけておられた時には、身と口と心によるすべての行ないを、一瞬一瞬、真実なる心をこめて行じられ、疑心がまざることはなかったゆえである。信楽は阿弥陀仏の大慈悲心であるゆえに、必ず真実報土に生まれる正しい原因となるのである。阿弥陀仏は苦しみ悩む衆生をあわれみ悲しんで、おんみずからの、何ものも妨げることのない広大な清浄の信心を衆生に廻向し、与えたもうた。これを「利他真実の信心」と名づける。

第十八の本願、すなわち「信心の願」が成就したことを証明する文として、『大無量寿経』にはつぎのようにのたまわれている。

あらゆる衆生が弥陀の名号を聞いて信心歓喜し、ひとたび信心を起こすならば。〈以上〉

また『無量寿如来会』には、つぎのように説かれている。

他の仏国に生きる衆生が無量寿如来（阿弥陀仏）の名号を聞いて、一心に念仏をとなえようとする清浄なる信心を起こして歓喜する。〈以上〉

『涅槃経』には、つぎのようにのたまわれている。

善男子よ、すべてのものの苦しみを除いてやろうとする大慈心と、すべてのものに大いなる楽を与えようとする大悲心を「仏性」と名づける。何をもってのゆえかといえば、大慈・大悲は影がかたちに添うように、つねに菩薩につきしたがっている。菩薩はこの心を持っているがゆえに、仏となることができるゆえである。一切の衆生も、いつかは必ず大慈・大悲を得て仏となるであろう。それゆえに「一切衆生悉有仏性（一切の衆生はことごとく仏性を具えている）」と説くのである。大慈・大悲は仏性と名づける。仏性は如来と名づける。他人の喜びを共に喜ぶ心（大喜）と、愛や憎しみの心や他人に対する分けへだてを捨てた心（大捨）とを仏性と名づける。何をもってのゆえかと言えば、菩薩が大喜・大捨の心をもたなければ、煩悩を滅して迷いの世を捨てることも、無上の悟りを得ることもできないゆえである。一切の衆生がついには必ずや大喜・大捨の心を得て仏となる。それゆえに「一切衆生悉有仏性」と説くのである。大喜・大捨は仏性である。仏性は如来である。仏性は「大信心」と名づける。何をもってのゆえかと言えば、信心をもつがゆえに、菩薩は*檀波羅蜜乃至般若波羅蜜を身に具えることができるゆえである。一切衆生もついには必ず大信心を得て仏となることができるゆえに、「一切衆生悉有仏性」と説くのである。大信心は仏性である。仏性は如来である。仏性は「一子地《いちしち》（一切衆生をひとしく一人子のように愛する境地）」と名づける。何をもってのゆえかといえば、一子地の境地に達したがゆえに、菩薩は一切衆生に対して平等の心を得て必ず仏となることができるゆえである。一切衆生もついには必ず一子地を得ることができるゆえに、「一切衆生悉有仏性」と説くのである。一子地は仏性である。仏性は如来である。〈以上〉

また、つぎのようにものたまわれている。

阿耨多羅三藐三菩提を得るのは、信心を原因とする。菩提を得る原因は無数であるとはいえ、もし信心を説けば、それで一切が摂めつくされる。

また、つぎのようにものたまわれている。

信心の生じかたには二種類がある。一つには、教えを聞くことによって素朴に信じること。二つには、思索して十分に納得して信じることである。信じることの浅い信心は、単に聞法から生まれて十分な思索から生まれていない。それゆえに、浅い信心を「信不具足（信を十分に具えていない）」とするのである。信心には、また別の二種類がある。一つには、仏道があることを信じる。二つには、その仏道によって仏となったものがいることを信じる。信じることの浅い信心は、ただ仏道があることを信じて、それを歩んで仏となったものがいることを信じない。これもまた「信不具足」と名づける。〈以上抄出〉

『華厳経』には、つぎのようにのたまわれている。

この教えを聞いて心から信じ、歓喜したゆえに、疑いを抱かぬものは、すみやかに無上の仏道を成就しよう。もろもろの如来と等しいとされる。

また、つぎのようにものたまわれている。

如来は、よく一切衆生の疑いを永遠に断たしめられる。衆生の願うところのものに応じて、すべてを満足せしめられる。

また、つぎのようにものたまわれている。

信は悟りをひらくための根本である。功徳の母である。一切のもろもろの善を生長させ養う。疑いの網を断ち切り、愛欲の執着の流れから救い出し、涅槃にいたる無上の仏道を開示する。信には垢や濁りの心がない。清浄であって憍慢心を滅除する。恭敬心の根本である。また、あらゆる功徳のなかの第一の財宝とする。清浄なる手となって、もろもろの修行を受け入れ実践する。信は何であれよく他人に恵み施して、惜しむことがない。信はよく歓喜して仏法のなかに入る。信はよく智慧と功徳とを増大する。信はよく必ず如来の境地にいたる。信はもろもろの感覚を清浄にし、鋭利にする。信の力が堅固であれば、壊《こわ》たれることはない。信はよく長く煩悩の根本を滅ぼす。信はよくもっぱら仏の功徳に向わせる。信は何ものにあっても執着することがない。もろもろの難を遠く離れて無難の境地を得させる。信はよくもろもろの魔道を超出して、無上の解脱の道を示現する。信は往生成仏という功徳を育てるための、腐らない種子である。信はよく菩提樹を生長させる。信はよく最も勝れた智慧である仏智を増大する。信はよく一切の仏を示現する。以上、信は菩薩の修行の基本であるゆえに、まず信についてその功徳を説明した。しかし信心は最も勝れたものであって、得ることははなはだむつかしい。

〈中略〉

もしつねに諸仏を信じて奉仕すれば、大いなる供養をしたことになる。もしよく大いなる供養をすれば、その人は仏の不思議を信じる。もしつねに仏の尊い教えを信じて奉仕すれば、教えを聞いて飽きることがない。もし仏の教えを聞いて飽きることがなければ、その人は教えの不思議を信じる。もしつねに清浄なる僧を信じて奉仕すれば、信心が退転することはなくなる。もし信心が不退転の境地を得れば、その人の信心の力は動揺しなくなる。もし信心の力を得てよく動揺することがなければ、その人の感覚は清浄・鋭利となろう。もし感覚が清浄・鋭利となれば、善知識に親しみ近づくことができる。もし善知識に親しみ近づくことができれば、広大なる善が修められる。もし広大なる善をよく修めれば、その人は悟りをひらく大いなる原因を得る。人が悟りをひらく大いなる原因を成就すれば、必ず悟りをひらくことができるという勝れた思いを得る。もし必ず悟りをひらくことができるという勝れた思いを得れば、み仏たちによって護られる。もしみ仏たちによって護られれば、よく菩提心を起こす。もしよく菩提心を起こせば、よく仏の功徳を修めしめられる。もしよく仏の功徳を修めれば、よく如来の家に生まれよう。もし如来の家に生まれることができれば、善く巧みなる方便を修行しよう。もし善く巧みなる方便を修行すれば、信楽の心が清浄になることができる。もし信楽の心が清浄になることができれば、増上の最勝心を得る。もし増上の最勝心を得れば、つねに悟りをひらくための行を修習しよう。もしつねに悟りをひらくための行を修習すれば、大乗の行を身に具えよう。もし大乗の行を身に具えれば、よく教えに従って仏を供養しよう。もしよく教えに従って仏を供養すれば、念仏の心が動揺することがない。もし念仏の心が動揺しなければ、つねに無量の仏を眼に見よう。もしつねに無量の仏を眼に見れば、仏身が永遠におわしますことを見よう。もしよく仏身が永遠におわしますことを見れば、教えが永く不滅であることを知ろう。もし教えが永く不滅であることを知れば、教えを巧みに説く弁才が得られよう。もしよく数限りない教えを巧みに説く弁才を得れば、数限りない教えを説き述べよう。もしよく数限りない教えを説き述べれば、衆生をいつくしみあわれんで済度しよう。もし衆生をいつくしみあわれんで済度すれば、堅固な大慈悲心を得よう。もし堅固な大慈悲心を得れば、よく深遠なる教えを愛楽することになろう。もしよく深遠なる教えを愛楽すれば、戒を犯す煩悩の過《とが》を捨ててしまうであろう。もし戒を犯す煩悩の過を捨てれば、憍慢と放逸の心が消える。もし憍慢と放逸の心が消えれば、一切の衆生を思いのままに救うことができる。もしよく一切の衆生を救おうとすれば、生死の世界にあっても疲れいとうことがない。〈略抄〉

　曇鸞和尚の『浄土論註』には、つぎのように説かれている。

「如実修行相応《にょじつしゅぎょうそうおう》（内実にふさわしく修行し、あいかなおうと思う）」と名づける。それゆえに天親論主は、『浄土論』のはじめに「我一心」とのたもうたのである。〈以上〉

　また、つぎのようにものたまわれている。

経のはじめに「如是（如是我聞、このように私は聞き奉った）」と言われているのは、信心が仏道の入口であることを示したもうのである。〈以上〉

つぎに本願に説かれている三心の第三の「欲生《よくしょう》（往生浄土を欲する）」というのは、阿弥陀仏があらゆる衆生を浄土に喚び招きたもう勅命である。すなわち、弥陀の真実の信心のあらわれが欲生である。これは、大乗や小乗の凡人や聖者の定散*自力の廻向心ではない。阿弥陀仏おんみずからの廻向である。それゆえに、「不廻向（衆生の廻向ではない）」と名づけるのである。全宇宙の有情は煩悩の海に流転し、生死の海に浮沈して真実の廻向心がない。清浄の廻向心がない。それゆえに、阿弥陀仏は一切の苦悩する衆生をひろくあわれんで、法蔵菩薩として仏道修行をつづけておられたときには、体と口と心によるすべての行いを、一瞬一瞬、衆生への廻向を第一として大慈悲心を成就するために行じておられた。それゆえに、他力真実の欲生心（往生浄土を願わしめる心）を全宇宙の衆生に廻向し施したもうたのである。浄土を願う心は弥陀が廻向してくだされた心である。これは弥陀の大慈悲心であるがゆえに、疑いがまじることがない。

それゆえに、本願に説かれている欲生心が成就したことを証明する文として、『大無量寿経』には、つぎのようにのたまわれている。

阿弥陀仏は至心にわれわれに廻向したもうておられる。それゆえに阿弥陀仏の浄土に生まれようと願えば、たちどころに往生を約束され、もはや退かぬ位に住む。ただし五逆の大罪を犯したものと正法を誹謗するものとは除く。〈以上〉

また『無量寿如来会』には、つぎのようにのたまわれている。

阿弥陀仏がみずからの善根を、われらに廻向したもうところを愛楽・歓喜して無量寿国に生まれようと願えば、願に応じてすべてのものが生まれ、不退転の位を得、さらに無上の悟りを得るであろう。ただし五つの無間地獄に堕ちるべき大罪を犯したものと正法を誹謗するもの、および聖者をそしるものは除く。〈以上〉

曇鸞大師の『浄土論註』には、つぎのように説かれている。

『浄土論』には、「阿弥陀仏はどのように廻向したもうのであろう。弥陀は苦しみ悩むすべての者を捨てたまわず、われらにたいする廻向を第一として大慈悲心を完成された」と説かれている。廻向には二種類の相がある。一つには往相、二つには還相である。往相廻向とは、阿弥陀仏がご自身の功徳を一切衆生に廻向し施したもうて、願を立て、すべてのものをご自分が造りたもうた安楽浄土に往生せしめたもうことを言うのである。還相廻向とは、衆生がかの浄土に生まれおわって、禅定と観想の行と他の人びとを救う慈悲の力を得ることなどの仏道を成就することができたのちに、ふたたび迷いの世界の煩悩の密林に廻《めぐ》り入って一切衆生を教化して、ともに仏道に向わしめることを言うのである。この往相廻向であれ還相廻向であれ、すべては衆生を迷いの海からひきぬいて済度しようがためのものである。それゆえに、「廻《え》向《こう》為《い》首《しゅ》得《とく》成《じょう》就《じゅ》大《だい》悲《ひ》心《しん》故《こ》（衆生に廻向することを首として大慈悲心を成就することを得たもうたゆえに）」と説かれている。〈以上〉

　また、つぎのようにも説かれている。

「浄入願心《じょうにゅうがんしん》」については『浄土論』に、「さきに阿弥陀仏が造りたもうた浄土を荘厳する功徳の成就と、仏ご自身を荘厳する功徳の成就と、ともに住む菩薩を荘厳する功徳の成就との三つを観察することを説いた。この三種の成就は、弥陀の四十八の誓願の心より成就したものである、と知るべきである」と言われている。「応知（よく知るべきである）」というのは、この三種の荘厳が成就したことは、もとは四十八願の清浄なる願心の荘厳したもうところのものであることによって、原因が清浄であるがゆえに、結果が清浄なのである。原因がなくはなく、しかも弥陀の誓願以外の原因があるのではないとよく知るべきである、ということである。〈以上〉

　また、天親菩薩の『浄土論』には、つぎのように説かれている。

「出第五門（廻向門）というのは、大慈悲心をもって一切の苦悩する衆生を観察し、相手にふさわしい仮りの相《すがた》を示し、生死輪廻の薗《その》、煩悩の林のなかに廻り入って、衆生を済度する神通力を働かし、遊ぶがごとく衆生を教化する境地にいたることである。これらはすべて弥陀の本願力の廻向をもってする*利他行であるゆえに、これを出第五門と言うのである。〈以上〉

光明寺の善導和尚の『観経疏』の「散善義」には、つぎのように説かれている。

また、廻向発願(浄土におもむこうと願いを起こす)してかならず真実報土に生まれようとする者は、だれもが、弥陀が真実心をこめて私たちに廻向したもうておられる本願をいただいて、かの浄土に生まれようという心を起こすべきである。この心は、金剛のようにかたく深く信じているがゆえに、一切の大乗仏教以外の見解や、大乗仏教以外の学問や、釈尊の本意とは別の解釈や、釈尊の本意とは別の修行をなす人らによって、心が乱されたり壊されたりすることはない。必ず一心に阿弥陀仏の本願を信じてひたむきに進み、他の教えに従う人びとの言葉に耳を傾けてはならない。反対に、ためらいの心が生じて臆病になり、後ろをかえりみれば、道をふみあやまって、往生という大いなる利益をそくざに失うのである。〈以上〉

以上でもってまことに知られる。善導和尚の二河の譬喩のなかで「白道四、五寸」と言われるのは、「白道」の「白」は黒に対する言葉である。「白」はすなわち阿弥陀仏選択・摂取の白業であり、往相廻向の浄業である。「黒」はすなわち無明・煩悩の黒業であり、声聞・縁覚・人間・天人の雑善である。「道」は路に対する言葉である。「道」はすなわち本願一実の直道であり、*大般涅槃にいたる無上の大道である。「路」はすなわち声聞・縁覚あるいは菩薩の万善・諸行の小路である。「四、五寸」というのは、衆生の四大五陰《おん》の譬えである。「能生清浄願心《のうしょうしょうじょうがんしん》（往生を願う清浄なる心が生まれる）」というのは、金剛の真実信心を獲得することである。弥陀の本願力が廻向したもう大信心であるがゆえに破壊されるものではない。それを金剛のようであると譬えるのである。

善導和尚の『観経疏』の「玄義分」には、つぎのように説かれている。

今の世の出家や在家の者たちが、それぞれにこの上ない自力の菩提心を起こしたとしても、この世ははなはだ捨てがたい。悟りははなはだ得がたい。それゆえに、みなともに金剛の信心をいただいて、あらゆる善を流失させる*四種の煩悩の濁流や生老病死の四つの悪しき流れを横ざまに超えゆけ。阿弥陀仏の世界を明らかに見て、帰依して合掌し、礼拝したてまつれ。金剛の信心を正しく頂戴して、弥陀の本願にかなった一心の念仏をとなえれば、かならずや悟りを得るであろう。〈抄要〉

また『観経疏』の「序分義」には、つぎのように説かれている。

真実の信心をいただいて苦の娑婆をいとい、無為の楽なる浄土を願って永遠の常楽の境地に帰られよ。ただし、悟りの境地は容易に得られるものではない。苦悩の娑婆は、たやすく離れられるものではない。金剛の志を起こすことのほかに、どうして長く生死の原因を断つことができよう。もし慈悲なる釈迦牟尼世尊の浄土の教えにまのあたりにふれて従いたてまつらなければ、どうして生死の世界の長い嘆きをまぬがれられよう。

　また『観経疏』の「定善義」には、つぎのように説かれている。

金剛というのは煩悩が滅びた境地である。

　以上でもってまことに知られる。本願に説かれている「至心」「信楽」「欲生」の三心は、言葉は異なっているとはいえ、その意味は同じである。何をもってのゆえかといえば、三心はいずれも疑惑がまざっていない。それゆえに、真実の一心である。これを「金剛の真心」と名づける。金剛の真心、これを「真実の信心」と名づけるのである。真実の信心を得たものは必ず「南無阿弥陀仏」ととなえる。しかし念仏をとなえるものは必ずしも、弥陀の本願力が私たちに廻向してくだされている他力の信心を具えているとはいえない。このように三心は一つの信心であるゆえに、天親菩薩は『浄土論』のはじめに「我れ一心に」と説かれ、「如彼名義欲如実《によひみょうぎよくにょじつ》修行相応故《しゅぎょうそうおうこ》（その名義にふさわしく、内実にふさわしく修行し、あいかなおうと思うゆえに）」と言われるのである。

およそ弥陀の大信心の海について思いをめぐらせば、貴賤や僧俗を選ばず、老若男女を言わず、造る罪の多少を問わず、修行の長短を論ぜず、信心する一切のものを浄土に迎えてくだされる。それは自力の行ではなく、自力の善ではなく、自力の頓悟ではなく、自力の漸進ではなく、自力の定善ではなく、自力の散善ではなく、すべて自力の*正観でも、*邪観でも、*有念《うねん》でも、*無念でも、平生時の念仏でも、臨終時の念仏でも、多念でも、一念でもない。ただこれ、思議すべからざる、説くべからざる、言うべからざる信心である。たとえば阿伽陀薬《あかだやく》（不死の薬）が一切の毒を滅ぼすようなものである。如来の誓願の薬は智者であれ愚者であれ、一切の自力の毒を滅ぼすのである。

ところで、悟りを求めようとする心（菩提心）については、求め方に二種類がある。一つには竪てざまに悟りを求めるもの、二つには横ざまに悟りを求めるものである。また、竪についても二種類がある。一つには竪てざまに一気に悟りを求める（竪超《じゅちょう》）心であり、二つには竪てざまに一歩一歩悟りを求める（竪出《じゅしゅつ》）心である。竪超と竪出については、*権実《ごんじつ》・*顕密・*大小の教えに明らかにされている。すべてが多劫年の修行を必要とする、はるかな回り道の菩提心であり、自力の金剛心であり、菩薩の大菩提心である。また、横ざまに悟りを求める横の菩提心についても二種類がある。

一つには横ざまに一気に悟りを求める（横超《おうちょう》）心であり、二つには横ざまに一歩一歩悟りを求める（横出《おうしゅつ》）心である。横出とは、＊正雑《しょうぞう》・定散・他力のなかの自力の菩提心である。横超とは、これがすなわち弥陀の本願力が廻向したもう信心である。これを浄土に往生して仏と成ろうとする心（願作《がんさ》仏心）と言うのである。これを横超の金剛心と名づけるのである。横竪の菩提心は、菩提心という言葉は一つであって、意味が異なっている。とはいえ、いずれも仏と成るということが最も肝要である。そしてそのためには、弥陀が廻向したもう他力の真実信心を根本とするのである。自力に執われた邪心や雑心は錯誤であり成仏できない。本願を疑う心は過失であって、往生できないのである。浄土を忻求《ごんぐ》する僧侶も俗人も、『涅槃経』に説かれている「信不具足（不完全で不純な聞法）」という金言をよく了解して、長く「聞《もん》不具足（教えの聞き方が十分でない）」の邪心を離れるべきである。

　曇鸞大師の『浄土論註』には、つぎのように説かれている。

釈尊が王舎城でお説きになった『無量寿経』について思いをめぐらせば、浄土に生まれる上・中・下の三種類のものの修行に優劣があっても、すべて無上の菩提心を起こしていないものはない。この無上の菩提心が、すなわち浄土へ往生して仏と成ろうとする心（願作仏心）である。願作仏心はそのまま、すべての人びとを救おうとする心（度衆生心《としゅじょうしん》）

である。度衆生心とは、衆生を自分とともに、仏がおわします浄土に生まれさせようとする心であるゆえである。それゆえに阿弥陀仏の安楽浄土に生まれようと願うものは、必ずこのような無上の菩提心を起こすのである。もし人が無上の菩提心を起こさないで、ただかの浄土で受ける楽にたえまがないことを聞いて、楽を得るために浄土に生まれようと願うとしよう。そのものは往生できない。それゆえに『浄土論』には、「自分が阿弥陀仏によって得られる楽のためではなく、一切衆生の苦を抜こうと思うがゆえに」と説かれているのである。「阿弥陀仏が与えたもう楽（住持楽）」というのは、かの安楽の浄土は阿弥陀仏の本願力によって造られていて、そのために受ける楽にたえまがないということである。およそ廻向という言葉の意味を解釈すれば、阿弥陀仏が、ご自身が集められた一切の功徳をもって一切の衆生に施しあたえたまい、ともに仏道に向わしめたもうということである。

元照律師《がんじょうりつし》の『阿弥陀経義疏』には、つぎのように説かれている。〈抄出〉

末法の世に阿弥陀仏の本願の教えを説くことは、釈尊以外の仏にはできない。それゆえに『阿弥陀経』には、「はなはだ難事である」と説かれている。いまだ世間に見たてまつらなかった教えであるゆえに、同じ経に「希有」であると言われるのである。

また、つぎのようにも説かれている。

念仏の教えは愚人や智者、貴人や賤民を選ばず、修行の長短や行為の善悪を問わない。ただ、堅固に定まった勇猛なる信心を得れば、臨終の相が見苦しくとも、十度の念仏で往生をとげる。これは煩悩に縛られた凡人や愚人や、屠殺者や人をだます商人のような地獄堕ちのものも、一瞬にして迷いと苦しみの世をこえてゆく成仏の教えである。「世間にはなはだ信じがたし」と言うべきである。

また、つぎのようにも説かれている。

諸仏は、釈尊がこの悪世にあって、修行して成仏されたことを「難」とされるのである。また釈尊が悪世のもろもろの衆生のために、阿弥陀仏の本願の教えを説かれたことを第二の難とされるのである。この二つの難事を成し遂げられた釈尊を、諸仏が讃えられることを受けて、釈尊ご自身が、讃えられて当然であると説きたもうた。このように釈尊が、ご自身の難事の成就をあえて自讃されるのは、そのことを衆生に聞かしめて、弥陀の本願を信じさせようとされたゆえである。〈以上〉

律宗の用欽の『超玄記』*には、つぎのように説かれている。

この浄土の教えこそ、最もむつかしい教えであるとされる。この教えによって凡人を仏に転ぜしめるのは、掌をひるがえすようなものである。これはまことに容易なことであるゆえに、あさはかな衆生はかえって疑うであろう。それゆえに『大無量寿経』に、

「浄土は往きやすく、しかも人がいない」と言われるのである。それゆえに、信じがたい教えであると言われるのである。

戒度の『阿弥陀経聞持記』*には、つぎのように説かれている。

阿弥陀仏の本願は、賢者も愚者も平等に救いたもう。これは、生まれながらの賢や愚を問題とはされないということである。また富豪も貧者も平等に救いたもう。これは、人間の行ないの果報を問題とはされないということである。また修行を長く修めた者も、短い者も平等に救いたもう。これは、修行の功徳の深い浅いを問題とはされないということである。また善人も悪人も平等に救いたもう。これは、人間の行ないの善悪を問題とはされないということである。また堅固に定まった勇猛なる信心を得れば、臨終のときに苦しみのあまり、弥陀を心静かに思うことができなくとも必ず救いたもう。『観無量寿経』の、下品中生の者の往生について説かれるところに、悪行の報いとして臨終のときに地獄の苦しみが起こるとあるが、このようなことも問題とはされず往生せしめられるのである。また阿弥陀仏の本願は、あらゆる煩悩を持つ凡人愚人や、生きものを殺して生活している賤しいものや、酒に水をまぜて売っている商人であっても、ただ念仏すれば一瞬にして迷いと苦しみの世をこえて成仏せしめられる法である。このように私たちの心では推し量ることもできない不思議な教えであるゆえに、はなはだ信じ難いと言われるのである。
　このような不思議な働きをされる阿弥陀仏は、真実の智慧の光明で全宇宙を照らす仏（真実明）とも、すべてのものをご自分と等しい悟りにいたらせる仏（平等覚）とも、凡人には推し量ることもできない不思議な働きをされる仏（難思議）とも、すべてのものの究極の依りどころである仏（畢竟依）とも、すべてのものが供養をするにふさわしい仏（大応供）とも、すべてのものに大いなる安慰を与える仏（大安慰）とも、他に比べられるもののない仏（無等等《とうとう》）とも、不可思議なる光によってすべてのものを照らし収めとりたもう仏（不可思議光）とも名づけられている。〈以上〉
　宗暁の『楽邦文類《らくほうもんるい》』の後序には、つぎのように説かれている。
　浄土に往生するための修行をするものは、いつの世にも多い。しかし、他力真実の教えに帰入してただちに浄土にいたるものは、いくばくもいない。浄土を論じるものは、いつの世にも多い。しかし、その肝要である他力念仏を心得て人びとに説くものは少ないと思われる。また、自障自蔽《じしょうじへい》（みずから正しい教えを障り蔽う）が何であるかということについて、教えを説いたものがいたことを私は聞かない。私はこのことを知ったゆえに説こう。自身の悟りを妨げるものの第一は愛執である。自身の悟りへの正しい道をおおい隠しているものの第一は疑いである。この疑惑・愛執の二心をも悟りの障害としないのは、浄土の教えのみである。この二心を具えたものを遠ざけることなく、弥陀の弘大な誓願はつねにおのずから受け入れ支えたもう。これが必然の道理である。〈以上〉

真実信心について思いをめぐらせば、信心には一念ということがある。一念とは信心が開かれ発《おこ》ってくるときが、きわめてすみやかであることをあらわし、広大なる難思の信心を得たよろこびの心をあらわすのである。

それゆえに『大無量寿経』には、つぎのようにのたまわれている。

あらゆる衆生がその名号を聞いて信心して歓喜し、ひとたび信心を起こすとしよう。阿弥陀仏はこの名号を、真実心をこめて衆生に廻向したもう。それゆえにかの国に生まれようと願ずれば、そくざに往生を約束されて、もはや退転しない位に住むであろう。

また『無量寿如来会』には、つぎのようにのたまわれている。

他の仏国土に生きる衆生が無量寿仏の名号を聞けば、よく一念の清浄なる信心を起こして歓喜するであろう。

また『無量寿経』には、つぎのようにのたまわれている。

阿弥陀仏の本願力によって衆生に廻向されている名号を聞いて、往生しようと思え。

また『無量寿如来会』には、つぎのようにのたまわれている。

仏の聖なる徳のみなぎるみ名を聞く。〈以上〉

『涅槃経』には、「聞」ということについてつぎのようにのたまわれている。

どのようなものを「聞《もん》不具足（教えの聞き方が十分でない）」と名づけるのか。如来の説かれたものは十二部経である。そのうちの六部を信じて、いまだ六部を信じていない。それゆえに「聞不具足」とするのである。また、この六部の経典を受け入れ信じたとはいえ、十分に読みこなし理解することもできないままに、他人に対して解説したとしても、他人を信じさせ教えに帰依させることはできないであろう。それゆえにこのようなこともまた、「聞不具足」と名づけるのである。また、この六部の経典を受け入れ信じたとしても、論議のために、また他のものに勝つために、現実の欲求を満足させるために、またその他さまざまな事柄のために読んだり説いたりするものがいよう。それもまた「聞不具足」と名づけるのである。〈以上〉

光明寺の善導和尚の『観経疏』の「散善義」には、他力の信の一念についてつぎのように説かれている。

「一心専念（一心に念仏だけをとなえる）」と言い、また「専心専念（専心して念仏だけをとなえる）」と言っておられる、と。〈以上〉

ところで『大無量寿経』には、「聞其《もんご》名号《みょうごう》信心《しんじん》歓喜《かんぎ》乃至《ないし》一念《いちねん》」（その名号を聞いて、信心歓喜し、ひとたび心に思えば）とのたまわれている。その「聞」とは、衆生が弥陀の誓願が起こされた目的や成就のさまを聞き信じて疑う心がないこと、それを「聞」というのである。「信心」というのは、弥陀の本願力が廻向したもうた信心である。「歓喜」というのは、信心をいただいて心身によろこびがあふれている相《すがた》である。「乃至」というのは、数の多少をふくめている言葉である。「一念」というのは、信心はただ弥陀一仏だけを信じ、疑う心がまざらないゆえに「一念」というのである。このように疑いのない信心であるゆえに「一心」と名づけるのである。この一心こそが、清浄なる真実報土へ往生する真実の原因である。

金剛の真実信心を獲得すれば、地獄・餓鬼・畜生・人・天などの迷いの世界や、仏を見、教えを聞くことに*八つの障害のある悪道を横ざまにこえて、二度とそれらには生まれない身となる。さらにまた現世においては、必ず十種の利益を得る。十の利益とは何かといえば、一つには眼に見えぬ神々が護持したもう利益、二つにはこの上なく勝れた阿弥陀仏の功徳が身に具わる利益、三つには悪を転じて善となさしめられるという利益、四つには諸仏に護られるという利益、五つには諸仏に賞めたたえられるという利益、六つには弥陀の心光に常に収めとられ護られるという利益、七つには心に多くの歓喜が得られるという利益、八つには弥陀の恩を知り徳に報いるようになるという利益、九つには常に大慈悲の行を行ない他人を救う働きを与えられるという利益、十には必ず往生して成仏できる人びとの仲間となるという利益である。

宗師善導和尚が「専念」と仰せられるのは、ただ念仏をとなえるということである。「専心」というのは、本願を疑いなく信じるという一心のことである。

それゆえに、本願が成就したことを示す文章に説かれている一念とは、専心のことである。専心は深心である。深心は深信である。深信は堅固なる深信である。堅固なる深信は、本願を決定して信じる心（決定《けつじょう》心）である。決定心はこの上なく勝れた心（無上上心）である。無上上心は真実心である。真実心は本願を信じつづける心（相続心）である。相続心は淳《じゅん》心である。淳心は阿弥陀仏を常におもう心（憶念）である。憶念は真実の一心である。真実の一心は大慶喜心である。大慶喜心は真実信心である。真実信心は金剛心である。金剛心は仏となろうとする心（願作仏心）である。願作仏心は、一切衆生を救おうとする心（度衆生心）である。度衆生心は、衆生を収めとって安楽浄土に生まれさせようとする心である。この心が悟りをひらこうと志す心（大菩提心）である。この心が大慈悲心である。何故ならこの心は、無量の智慧の光明を放ちたもう阿弥陀仏によって起こさしめられるがゆえである。弥陀の誓願海は平等であるゆえに、その平等の本願によって起こさしめられた信心（発心）は、すべて等しい。発心が等しいゆえに、修行は等しくみな念仏するのである。念仏の行が等しいゆえに、一切衆生を救おうという大慈悲が等しく起こさしめられる。大慈悲は、仏道を成就する正しい原因であるゆえである。

曇鸞大師の『浄土論註』には、つぎのように説かれている。

安楽浄土に生まれようと願うものは、必ず無上の菩提心を発《おこ》す必要がある。

また、つぎのようにも説かれている。

『観無量寿経』に「この心作仏」といわれている意味は、この心が仏になるということである。同じく「この心これ仏」というのは、この心の外に仏はおわしまさぬという意味である。たとえば、火が木から出火して、木から離れることができないことに似ている。火が木から離れないゆえに、よく木を焼くのである。木が火のために焼かれて、木が火となるようなものである。

光明寺の善導和尚の『観経疏』の「定善義」には、つぎのように説かれている。

この心が仏となる。この心がこれ仏である。この心の外に仏はおわしまさぬとのたまわれている、と。〈以上〉

それゆえに知られる。一心、これを真実にかなった修行(如実修行相応)と名づけるのである。これがすなわち正教《しょうぎょう》である。これが正義《しょうぎ》(正しい理論)である。これが正行である。これが正解《しょうげ》(正しい解釈)である。これが正業である。これが正智である。至心・信楽・欲生の三心はすなわち一心である。一心はすなわち金剛の真実信心であるということの意味を、以上でもって答え終えた。よく知るべきである。

*天台大師智顗《ちぎ》の『摩訶止観《まかしかん》』には、つぎのように説かれている。
「菩提」は天竺の言葉であり、中国では「道」という。「質多《しった》」は天竺の発音であり、中国では「心《しん》」という。心とは、思慮して知ることである。〈以上〉

善導和尚の『観経疏』の「玄義分」に「横超断四流《おうちょうだんしる》(横ざまにあらゆる善を流失させる四種の煩悩の濁流や生老病死の四つの悪しき流れを超断せよ)」というのは、横超の横は竪《たて》ざまに迷いを超えること(竪超《じゅちょう》)、竪《たて》ざまに迷いを一歩一歩離れること(竪出)に対する言葉である。超は迂《う》に対し、また廻《え》に対する言葉である。竪超とは大乗の真実の教えであり*即身成仏の教えである。竪出とは大乗の仮りの方便の教えである。声聞・縁覚・菩薩などが修める、悟りをひらくのにきわめて長い時間を必要とする教えである。横超の教えというのは、弥陀の本願が成就したことによる他力念仏の教えであり、この教えこそ、弥陀の悟りの功徳をそのまま私たちの身にいただく真実の教えであり、真実の宗教である。また、横ざまに迷いを一歩一歩離れる(横出)ということがある。これは『観無量寿経』に説かれている*三輩や九品《くほん》や定散の教えである。

化土や懈慢土*に往生して、そくざには悟りをひらくことがない遠まわりの善行である。弥陀の本願によって造られた清浄なる真実報土においては、化土や懈慢土のような品位や階級の差別というものはない。一瞬のあいだに無上の悟りをひらく。それゆえに弥陀の本願の教えを横超というのである。

『大無量寿経』には、つぎのようにのたまわれている。

法蔵菩薩はこの上ないまことに勝れた本願を超発したもうた。

また、つぎのようにものたまわれている。

私は世に超えた誓願をたてた。必ず無上の仏道をきわめよう。私の名は全宇宙にくまなく知れわたるであろう。もし聞こえない所があれば、私は仏にならないことを誓う。

また、つぎのようにものたまわれている。

本願を信じて必ず生死輪廻の世界を超絶し、捨てることができて安養の浄土に往生すれば、地獄・餓鬼・畜生・人・天という悪世界の輪廻を横ざまに切り、悪世界に生まれる原因を自然に滅し、二度と悪世界に生まれることはない。そしてどこまでも悟りを求めつづけ、ついに無上の悟りをひらくのである。浄土へは本願を信じるだけで往生でき、きわめて容易である。しかし信じることはむつかしく、実際に往生する人はきわめて少ない。浄土への往生は、本願に誓われてあるとおりである。本願を信じれば、本願の力

によって必ず往生せしめられる。〈以上〉

＊支謙三蔵の訳『大阿弥陀経』には、同じくつぎのように説かれている。

生死輪廻の世界を超絶して捨てることができ、阿弥陀仏国に往生すれば、地獄・餓鬼・畜生・人・天という悪世界の輪廻を横ざまに切り、悪世界に生まれる原因を自然に滅し、二度と悪世界に生まれることはない。そしてどこまでも悟りを求めつづけ、ついに無上の悟りをひらくのである。浄土へは本願を信じるだけで往生でき、きわめて容易である。しかし信じることはむつかしく、実際に往生する人はきわめて少ない。浄土への往生は、本願に誓われてあるとおりである。本願を信じれば、本願の力によって必ず往生せしめられる。〈以上〉

「横超断四流」の「断」というのは、往相の一心を発起するがゆえに、いかなる輪廻の世界にも生まれず、いかなる悪世界にも生まれ変わらないのである。すでにして、六道や四生に生まれる原因も結果も滅びている。そくざに一切の迷いの世界の生死を断絶する。それゆえに、「断」というのである。「四流」とはあらゆる善を流失させる四種の煩悩の濁流のことであり、生老病死のことである。

『大無量寿経』には、つぎのようにのたまわれている。

必ずまさに仏道を成就して、ひろく生死の流れに沈む衆生を救うであろう。

また『平等覚経』には、つぎのようにのたまわれている。

必ずまさに仏となって、一切の生老死に輪廻するものたちを救うであろう。〈以上〉

『涅槃経』には、つぎのようにのたまわれている。

また、涅槃は川の中の島にたとえられる。何をもってのゆえかといえば、四種の濁流に流されてしまうことがありえないゆえである。何を四とするかといえば、一つには欲望、二つには生存に対する執着、三つには偏見に対する固執、四つには無明のなかへの埋没である。それゆえに、涅槃を川の中の島と名づけるのである。〈以上〉

光明寺の善導和尚の『般舟讃《はんじゅさん》』には、つぎのように浄土を願うべきことをすすめておられる。

もろもろの念仏行者に申しあげる。凡夫が生死の世界に執着して、いとう心がないのは良くない。弥陀の浄土を軽んじて、願う心がないのは良くない。生死の世界をいとえば、娑婆は永久にへだてられる。弥陀の浄土を願えば、つねに浄土に心が遊ぶのである。へだてれば六道に生まれる原因は滅び、輪廻の果報もおのずから滅びる。因も果もすでに滅んで、かたちも名もそくざに絶えはてる。

また『往生礼讃』*には、つぎのようにすすめておられる。

一切の往生を願う人びとよ、仰ぎ願わくば、みずからの能力をよく思いはかられよ。

いま、人の身にあって、かの浄土に生まれようと願うものは、何をしているときであってもつねに心を励まし、おのれにうちかって昼夜に念仏をつづけられよ。臨終時にいたるまで、生涯念仏をとなえつづけるのは、いささか苦しいようではある。しかし命を終えればただちにかの浄土に生まれて、永久につねに無為の法楽を受ける。あるいは成仏にいたるまで、もはや生死輪廻の世界にもどることはない。これ以上の楽しみがあろうか。よく知るべきである。〈以上〉

「真仏弟子」ということの、「真」の言葉は偽に対し、また仮に対している。「弟子」というのは、釈迦や諸仏の弟子である。金剛の信心をいだく行人である。この信と行とによって、必ず大涅槃を超証することができるゆえに、「真仏弟子」というのである。

『大無量寿経』には、つぎのようにのたまわれている。

たとえ私が仏になることができるとしても、全宇宙の無数の仏世界に生きるものたちが、私の光明を身にこうむることによって、いかなる人間や天人にも増して身も心もやわらぎ和むことがなければ、私は仏にならない。たとえ私が仏になることができるとしても、全宇宙の仏世界に生きるものたちが、私の名を聞いて、菩薩の無生法忍《むしょうぼうにん》やもろもろの深い智慧を得なければ、私は仏にならない。〈以上〉

『無量寿如来会』には、つぎのようにのたまわれている。

もし私が成仏すれば、全宇宙の無数の国土に住む衆生のなかで、私の威光をこうむって身を照らされるものは、人間や天人に超えた心身の安楽を得るであろう。もしこのことが実現しなければ、私は仏にならない。〈以上〉

また『無量寿経』には、つぎのようにのたまわれている。

教えを聞いてよく忘れず、見て敬い、得て大いによろこぶものは、わがよき友である。

また、つぎのようにものたまわれている。

心から安楽の浄土に生まれようと願えば、智慧は明らかになり、勝れた功徳を得るであろう。

また『無量寿如来会』には、つぎのようにのたまわれている。

釈尊は念仏するひとを、広大な勝れた智慧の人と仰せられる。

また、つぎのようにものたまわれている。

このような勝れた徳を具えたものは、他の仏国土にはない広大なる功徳が成就している阿弥陀仏の浄土に生まれる。

また『観無量寿経』には、つぎのようにのたまわれている。

念仏するものは、まさに知るべきである、人間のなかの白蓮華であると。〈以上〉

道綽禅師の『安楽集』には、つぎのように説かれている。

もろもろの大乗経典によって、教えを説くものと聞くものとのあり方を明らかにすれば、『大方等大集経』には、「説法する人にたいしては、私の病を治してくださる医者の王のような方であるという思いを抱け。私の苦しみを抜いてくだされる方であるという思いを抱け。説きたもう教えは、甘露であるとも醍醐であるとも思え。また説法を聞く人にたいしては、すぐれた悟りをひらく心を増すようにと願いを持って説き、病が治るようにと願って説け。このような説き手と聞き手とは、仏法を盛んにすることができる。だれでもみ仏のおん前に生まれることであろう」と説かれている。〈中略〉『涅槃経』によれば、「仏は、人が真心をもってつねに念仏三昧を修めれば、全宇宙の諸仏は現に前におわしますかのように、この人をみそなわすとのたもう」とある。それゆえに『涅槃経』に、「仏は迦葉《＊かしょう》菩薩に、このように告げたもうた。真心をつくしてもっぱら念仏する善男善女は、山林にいようと集落にいようと、昼夜や行住坐臥を問わず、諸仏世尊がつねに眼の前におわしますように、この人をみそなわしたもう。この人の供養をつねにお受けになる」と説かれている。〈中略〉龍樹菩薩の『大智度論』によれば、三つの解釈がある。第一には、仏が無上の教えの王であって、菩薩はその臣下である、とするのである。尊び重んじるのは仏のみである。それゆえに、つねに念仏するべきである、ということである。第二には、もろもろの菩薩がいて、みずから「世尊よ、私たちは曠劫のむかしより、私たちの法身や智身や大慈悲身を、あなたによって長らく養っていただきました。禅定も智慧も無数の修行や誓願も、仏によって成就することができたのです。私たちは報恩のために、つねに仏に仕えたいと願っています。大臣が王の恩寵をこうむって、つねに王を思うようなものです」と語っている。第三に、もろもろの菩薩がいて、つぎのようにも言っている。「私たちは修行時代に悪い知識に会って、般若を誹謗し悪道に堕ちたのです。無量劫年のあいださまざまな修行を修めたとはいえ、まだ抜け出すことができません。そののち、あるとき善知識のもとに身を寄せますと、私たちに念仏三昧を行じるよう教えました。そのときにたちまち、もろもろの障害がなくなり解脱を得たのです。この大利益があるゆえに、私たちはつねに念仏したいと願うのです」と。〈中略〉『大無量寿経』には、「およそ浄土に往生しようと思うものは、必ず菩提心を発《おこ》すことを根本とする」と説かれている。ところで菩提心の、菩提とは無上の仏道という意味である。もし発心して仏になろうと思えば、この心は広大であって全宇宙に広がることであろう。長遠であって未来の果てまでゆきわたることであろう。この心は声聞や縁覚にとどまる障害をすべて離れる。もしよくひとたび発心すれば、無始よりこのかたの生死の輪廻をくつがえすのである。〈中略〉『大悲経』には、「何ゆえに大悲と名づけるのであるか。もし、もっぱら念仏をとなえつづけてやめることがなければ、命終わるときに必ず安楽の浄土に生まれよう。もし人びとにすすめて念仏を行じさせるものがあれば、すべてを〝大悲を行じる人〟と名づける」と説かれている。〈以上抄要〉

光明寺の善導和尚の『般舟讃』には、つぎのように説かれている。

衆生が、疑うべくもないことを疑っているのは残念である。本願を信じれば、浄土は眼の前にあるかのように容易に往生できる。阿弥陀仏が収めとってくださるか、くだされぬかを論じるべきではない。心をもっぱらにして、念仏するかしないかである。〈中略〉ある人がいうには「私は今日から悟りを得るにいたるまで、永遠に仏をたたえて慈恩に報いよう。弥陀の弘大な誓願の力をこうむらなければ、いつのときか娑婆を抜け出られよう。〈中略〉今の世において、どうして浄土にいたることを期待できよう。もし期待できるとすれば、それはまことに娑婆に出でたもうた釈尊のお力に依っている。もし釈尊のすすめがなければ、弥陀の浄土にどうして入れよう」と。

また『往生礼讃』には、つぎのように讃えられている。

仏が生きておられる時に生まれあわせることは、はなはだ難しい。人が仏を信じることや仏の智慧を得ることは、きわめて難しい。仏の教えに遇い、希有なる弥陀他力本願の法を聞くことはさらに難しい。自身が信じ、さらに他の人に教えて信じさせることは、難事中でも最大の難事である。それゆえに、弥陀の本願他力の大慈悲の教えを弘め人びとを救うことは、阿弥陀仏の恩徳に真に報いることになる。

またつぎのようにも讃えられている。

弥陀のお体は黄金の山のようである。放たれる光明は全宇宙を照らす。念仏するものだけがこの光を身に浴びて、そのなかに摂《おさ》められる。まさに知るべきである。本願力は最強のものであると。全宇宙の如来が尊い舌を出して、そのことを証明しておられる。もっぱら弥陀の名号をとなえれば、西方浄土にいたる。蓮華の台上にいたって、妙える教えを聞く。十地の願行は自然にあらわれる。

また『観念法門』には、つぎのように説かれている。

阿弥陀仏のみをもっぱら念仏する衆生があれば、かの仏の心の光はつねにこの人を照らして、収めとり護ってお捨てにならない。他のすべての行を行なうものたちを照らし受け入れるとは説かれていない。これもまた、念仏者がこの世で護られる強い力である。

〈以上〉

また『観経疏』の「序分義」には、つぎのように説かれている。

「心歓喜得忍（心は歓喜して悟りを得る）」というのは、阿弥陀仏国の清浄なる光明がたちまち眼前にあらわれれば、どうして踊躍歓喜しないことがあろう。この喜びによるゆえに、無生法忍が得られることを証しているのである。これをまた*喜忍と名づける。また悟忍と名づける。また信忍と名づける。ところで、無生法忍を得るときについては、あらかじめどこで得られるかということはいまだ明らかにされていない。釈尊は韋提希夫人に、一心にこの無生法忍を得たいと願わせようと思いたもうたのである。心を励まして、ひたすら心中に浄土を見ようと思うときに忍を得ることができる。これは*十信のなかの忍であり、*解行《げぎょう》以上の忍ではない。

また『観経疏』の「散善義」には、つぎのように説かれている。

『観無量寿経』の「若念仏者《にゃくねんぶつしゃ》（もし念仏者が）」から「生諸仏家《しょうしょぶつけ》（もろもろの仏の家に生まれ）」までの文章は、念仏三昧の功能が何ものをも超絶しており、もろもろの善行と比較できるものではないことをあらわしている。この文章には五つの事柄が説かれているのであって、一つには、弥陀仏のみ名を専念することを明らかにしている。二つには、よく念仏する人を仏が賞めたもうことを明らかにしている。三つには、もし念仏をとなえつづける人があれば、その人ははなはだ希有な人であるとしている。この人に較べられる何ものもないことを明らかにしている。それゆえに「分陀利華《ふんだりけ》（白蓮華）」を譬えに引くのである。「分陀利華」というのは、人間のなかの美しい花という譬えであり、希有の花ということである。また、人間のなかの上上の花ということである。また、人間のなかの妙えなる美しい花ということである。この花は、中国では*蔡華《さいけ》と名づけられてきたものである。すなわち、念仏の人は人間のなかの好人である。人間のなかの妙好人である。人間のなかの上上人である。人間のなかの希有人である。人間のなかの最勝人である。四つには、阿弥陀仏の名をもっぱら念ずれば、観音・勢至の両菩薩が親友や善知識のようにつねにつき従って、影がかたちに添うように護ってくださることを明らかにしている。五つには、今の生において、すでにこのような利益をこうむっている。命を終えれば、当然ながら諸仏の家に生まれるのであるが、それが浄土である。浄土にいたって長く教えを聞き、諸仏の国土を遊歴して供養することになろう。これらは、そうなるべき原因が完全に具わっていたゆえに、このような結果が得られるのである。浄土に往生して仏と成ることが、どうして遠い未来のことであろうということを明らかにしている。

〈以上〉

　*王日休の『浄土文』には、つぎのように説かれている。

　私が『無量寿経』をうかがえば、「衆生がこの仏の名を聞いて信心歓喜し、ひとたび信心を起こして、かの国に生まれようと願えば、即座に往生を約束されて不退転の位に住む」とある。「不退転」は梵語で阿惟越致《あゆいおっち》という。この言葉の意味は、『法華経』によれば、「弥勒菩薩が修行の果報として得られた地位」である。ひとたび信心を起こして往生することは、弥勒に等しい位になる、ということである。仏語にいつわりはない。この『無量寿経』は、まことに往生のための近道であり、苦を脱する不思議な方法である。すべてのものが信じて受け入れるべきである。〈以上〉

『大無量寿経』には、つぎのようにのたまわれている。

仏は弥勒にこのように告げたもうた。「この世界から、不退の位についた六十七億の菩薩が、かの浄土に往生するであろう。それぞれの菩薩は、すでに過去世において無数の仏を供養したのである。この菩薩たちの不退の位とは、弥勒菩薩と同じ最高の位である等覚の位である。

『無量寿如来会』には、つぎのようにのたまわれている。

仏は弥勒にこのように告げたもうた。「この仏土のなかに七十二億の菩薩がいる。菩薩たちは、数多くのみ仏たちのもとでもろもろの善根を植えて不退転の位についたのである。まちがいなくかの浄土に生まれるであろう。」〈抄出〉

律宗の用欽の『超玄記』には、つぎのように説かれている。

仏法の奥義をきわめているという意味では、華厳や法華の教えに比べられるものはない。しかし両経はまだ、その教えによってすべての衆生が成仏できることを予言はしていない。一方、浄土の教えにおいて、衆生が命を終えれば、すべて阿《あ》耨《のく》多《た》羅《ら》三《さん》藐《みゃく》三《さん》菩《ぼ》提《だい》

を得るとと説かれているのは、言われているとおりまことに不可思議なる功徳の利益である。〈以上〉

以上によってまことに知られる。弥勒菩薩は、仏と等しい悟りをひらいた最高の菩薩が起こす、金剛のごとき菩提心をきわめたがゆえに、仏滅五十六億七千万年後に龍華樹《りゅうげ》のもとで三度説法を説かれるとき、無上の仏の位をきわめられる。念仏の衆生は、阿弥陀仏から廻向された横超の金剛心をいただいているがゆえに、命を終えるや即座に大いなる涅槃を超証するのである。それゆえに、「便同《べんどう》（弥勒と同じ位）」というのである。それだけではなく、金剛心を得るものは、すみやかに韋提希夫人と等しい喜・悟・信の悟り（忍）を獲得できるのである。これはすなわち、阿弥陀仏の往相廻向の真実心が、私たちの煩悩に満ちる心を突き破って到達しているがゆえであり、弥陀の不可思議なる根本の誓願によるゆえである。

禅宗の智覚*は『楽邦文類』のなかで、念仏の行者をつぎのように賞めておられる。希有のことである。このように思議の及びがたい仏力は昔も今もなかった。

律宗の元照《がんじょう》師は『楽邦文類』のなかで、つぎのように説かれている。

ああ、教相と観法の修行に明らかであったことは、だれが天台大師智顗《ちぎ》に比べられよう。にもかかわらず大師も、臨終時には『観無量寿経』の題号をとなえ、浄土を讃えて永遠に世を去った。全宇宙を洞察した方としては、だれが華厳宗の祖師*杜順《とじゅん》大師に比べられよう。しかしこのお方も、道俗の男女に勧めてともに念仏をとなえ、臨終には勝れた瑞相を感じて西方に往生されたのである。禅の修行をつんで自己の本性を洞察することについては、だれが*高玉や智覚に比べられよう。しかし、この方々も同朋を誘って社を作り、ともに念仏して最もすぐれた浄土往生をとげられた。儒学の才人としては、だれが*劉程之や*雷次宗や*柳子厚や*白楽天に比べられよう。しかし、この方々もすべて筆をとって、みずからの誠意を文章にあらわされ、浄土に生まれようと願われたのである。

〈以上〉

「仮りの仏弟子」というのは、聖道門のもろもろの修行者と、浄土門の定善・散善の修行者とを言う。

それゆえに、光明寺の善導和尚の『般舟讃』には、つぎのように説かれている。

仏教の門は多く、八万四千ある。これは、仏教を受け入れるべき衆生の器量がまちまちであるためである。

また『法事讃』には、つぎのように説かれている。

方便の仮門もすべて仏の慈悲から説かれたものであり、同一であって異なるところはない。

また『般舟讃』には、つぎのように説かれている。

人の器量に応じて説かれているさまざまな教えを漸教と名づける。何故かといえば、いずれも万劫年のあいだ苦行をつんで、悟りを得るゆえである。〈以上〉

「偽の仏弟子」というのは、六十二見・九十五種の邪道のことである。

『涅槃経』には、つぎのようにのたまわれている。

世尊はつねに、「一切の外道は九十五種の教えを学んで、すべてが悪道におもむく」と説きたもう。〈以上〉

光明寺の善導和尚の『法事讃』には、つぎのように説かれている。

九十五種の外道はすべて世をけがす。ただ仏の一道は、ひとり清閑である。〈以上〉

まことにもって知られる。悲しいかなこの愚禿親鸞は、愛欲の広海に沈没し、名声と利益の大山に迷いこんで、正定聚の数に入っていることをよろこばない。真実の悟りに近づいていることを楽しまない。恥ずべきである。傷《いた》むべきである。

釈迦如来は仏道に導くことがむつかしいものたちについては、『涅槃経』につぎのようにのたまわれている。

「迦葉《かしょう》よ、この世に病いをいやしがたいものが三人いる。一つには大乗を謗《そし》るもの、二つには五逆の大罪を犯すもの、三つには仏道に無縁なものである。この三種の病いは、きわめて重い。声聞や縁覚や菩薩が治しうるものではない。善男子よ、たとえば必ず死ぬといわれるような重い病いにかかったときにでも、その患者にふさわしいすぐれた看病人や薬が必ずあるのである。もしそれらがなければ、このような病いは治ることなく、まちがいなく死んでしまうと知るべきである。善男子よ、いまの三種のものも、これと同じである。仏・菩薩に従って、病いの治し方を聞き終えて、はじめて悟りを求めようと志す心を発《おこ》し悟りを得て病気がなおるのである。単なる声聞や縁覚や菩薩は、教えを説いたり、説かなかったりする。いずれにしても、そのような者では悟りを求めようと志す心を発させることはできない。〈以上〉

また、つぎのようにものたまわれている。

そのとき王舎大城に阿闍世《あじゃせ》王*がいた。その性は強悪であって、よく殺戮を行なっていた。口には妄語・綺語・悪口・両舌の四悪を具え、心には貪りや恚《いか》りや愚痴が満ち満ちていた。〈中略〉しかるに王はもっぱら悪人を友とし、現世の五欲の楽に貪着し、欲望をさらに満たそうとして、罪もない父の王を無道に殺害した。父を殺害したことにより、自分の心に悔恨の熱が生じた。〈中略〉心に悔恨の熱が生じたゆえに、全身に瘡《かさ》が生じた。その瘡はきたなくて悪臭に満ち、近寄りがたいほどのものがあった。王は心に、「わしはいま、すでに現世において悪行の報いを受けた。地獄の報いが近づいているのであろう」

とつぶやいた。

そのとき母の韋提希后《いだいけ》が、さまざまな薬を王のために塗った。瘡は増えることがあっても、減ることはなかった。王は母に言った。

「このような瘡は心から生まれています。体の不調から生まれたものではありません。治すことができると主張するものがいても、その道理はありません」

ときに日月称《にちがっしょう》という大臣がいた。王のもとへ伺候し、一隅に立って、

「大王よ、何ゆえに愁いやつれ、よろこばしくないお顔をしておられるのでしょう。体の病いでありましょうか、心の病いでありましょうか」

と申しあげた。王は臣に答えて、

「どうして、わしの心身が痛まないことがあろう。わしは罪のない父を無道に殺害した。わしはかつて智者から、〝この世に地獄をまぬがれないものが五人いる〟という教えを聞いたことがある。すなわち、五逆の大罪を犯したもののことである。わしは今すでに無数無量の罪がある。どうして心身の痛まないことがあろう。どんな良医であろうと、わしの心身を治すことはできないであろう」

と言った。臣は大王に、

「それほどに愁い苦しむべきではありますまい」
と申しあげ、つぎのような偈《げ》をとなえて言った。
「もしつねに愁い苦しめば
愁いは増すばかりであろう
眠りを好めば
眠りが長く深いのと同じである
女色をむさぼり
酒をたしなむのもこれと同じである
王は、〃この世に地獄をまぬがれないものが五人いる〃と仰せられましたが、だれが地獄へ行って見とどけ、帰ってきて王に語ったというのでしょう。地獄とは世間の物知りぶった輩《やから》が説いているだけのものにすぎません。王はまた、〃この世にあなた様の心身を治すものはいないであろう〃と仰せられましたが、名医が一人おります。富蘭那《ふらんな》と申すものですが、一切をよく知って自由自在の働きを身につけております。清浄なる修行を究極のところまで習い修めて、つねに無数の衆生のために無上涅槃の道を説いております。大勢の弟子たちのために、このような法を説いております。〃悪行はないゆえに、悪行の報いはない。善行はないゆえに、善行の報いがない。善悪の行為というものがないゆえに、その報いというものはない。勝れた行為も劣った行為もあるはずがない〟と断定しているのです。この富蘭那師は、いま王舎城のなかに滞在しております。大王よ、願わくば礼をつくして富蘭那尊者のもとへお越しください。この師は、あなた様の心身を療治することでしょう」

そのとき王は答えて言った。

「このような私の罪がよくすっかり滅除されるのであれば、わしは心から帰依しよう」

また、蔵徳《ぞうとく》という名の臣がいた。これも王のもとへ伺候して、

「大王よ、何ゆえに顔は憔悴し、唇は乾き、声はかぼそいのでしょう。〈中略〉どのような苦しみがおありですか。それは体の病いでありましょうか、心の病いでありましょうか」

と言った。王は答えて言った。

「わしの心身が痛まぬはずがない。わしはおろかであって智慧の眼がなかった。もろもろの悪友に近づき、ことに悪人提婆達多《だいばだった》の言葉に従い、仏教を奉じる王を無道に殺害した。わしはかつて智者の偈を聞いたことがある。

もし父母や仏やその弟子たちに対して
悪心を生じ

悪行を加えるとすれば
果報は阿鼻地獄に堕ちる

というのじゃ。それゆえに、わしの心は恐れて大いに苦しんでおる。よい医者にかかったところで、治ることはないであろう」

大臣は、「大王よ、愁いや怖れを懐くことはありません」と言った。「法には二種類があります。一つには出家の法、二つには王法であります。王法においては、父を殺して王となったとしても、反逆であると全国民から非難されても、罪とはなりません。これは迦羅羅虫《からららちゅう》（黒虫）が生まれるときに、必ず母の腹を破るようなものです。それが出生の定めであります。母の身を破るとはいえ、罪はないのです。芭蕉が実を結んで枯れ、騾馬《らば》が子をはらんで死ぬことなども同じであります。国を治める法も、これらと同じであります。父や兄を殺すといえども、罪になることはありますまい。出家の法は、蚊《か》や蟻《あり》のような小さな生きものを殺すことさえも罪であります。〈中略〉王はこの世のどのような良医も心身を治すことはできないと仰せられますが、しかし、末伽梨拘舎梨子《まかりくしゃりし》という名の大いなる師がおいでになります。あらゆることを知って、衆生を赤子のようにあわれんでおります。すでに煩悩を解脱して、衆生の貪りや、怒りや、痴愚の箭《や》を抜きます。〈中略〉この師はいま王舎城に滞在しておられます。大王よ、願わくばこの師にお会いになってください。お会いになれば、もろもろの罪が消滅しましょう」

王はそのとき答えて言った。

「このようなわしの罪が完全に滅除するのであれば、わしはその師に帰依しよう」

また、実徳《じっとく》という名の臣がいた。これも王のもとへ伺候して、つぎのような偈をとなえた。

「大王よ、何ゆえに
身をかざる瓔珞《ようらく》をはずし
頭《こうべ》の髪は蓬《よもぎ》のように乱れるや
何ゆえにかかるありさまでおられる〈中略〉
これは心の病いなるや、体の病いなるや」
王は答えて、
「わしの心身が痛まぬはずはない。先王なるわしの父は慈愛と仁の心が深く、見るものすべてを広くあわれんでおられた。なんら罪がなかった。ところが、わしが生まれるときに占師に見てもらうと、占師は〝この子は無事に生まれれば、必ず父を殺すであろう〟と言った。父はこの予言を聞いても、わしを慈しみ育ててくれた。わしはむかし智者が、〝もし母と交わったり、比丘尼をけがしたり、僧団の財物を盗んだり、無上の菩提心をおこしたものを殺したり、父を殺すものは、必ず阿鼻地獄に堕ちるであろう〃と言ったのを聞いたことがある。わしの心身がどうして痛まぬはずがあろう」と言った。

大臣は、「大王よ、愁い苦しむことをおやめなさい」と言った。〈中略〉「一切の衆生に過去世の業があります。業の縁に引かれて生死をくりかえすのです。先王に宿業があったゆえに、王は殺すことになったのです。それに、なんの罪がありましょう。大王よ、心を豊かにして愁いを捨てなされ。なんとなれば、つねに愁い苦しめば、愁いはつのるばかりであるゆえです。人が眠りを好めば、眠りは長く深くなるようなものです。婬をむさぼり、酒をたしなむのも同じようなものです」と。〈中略〉これは、刪闍耶毘羅胝子《さんじゃやびらせんし》の教えである。

また、悉知義《しっちぎ》という名の臣がいた。王のもとへ伺候して、これまでの大臣と同様に訊ねた。〈中略〉王は答えて、

「わしの心身がどうして痛まぬはずがあろう。〈中略〉わしは罪のない先王を無道に殺害した。わしはむかし智者が、〃もし父を殺すことがあれば、永劫無限にわたって大いなる苦悩を受けるであろう〃と説くのを聞いたことがある。わしは遠からず、必ず地獄に堕ちよう。わしの罪を治す良医はおるまい」

と言った。

大臣は、「大王よ、願わくば愁いや苦しみをお捨てなされ」と言った。「王はこのようなお話をお聞きになったことはないでしょうか。むかし、羅摩《らま》と名づける王がいて、自分の父を殺して王位を継ぐことができたのです。跋提《ばつだい》大王・毗楼真《びるしん》王・那睺沙《なごしゃ》王・迦《か》帝迦《ていか》王・毗舎佉《びしゃきゃ》王・月光明《がっこうみょう》王・日光明《にっこうみょう》王・愛王・持多人《じたにん》王、これらの王はみんな自分の父を殺して王位を継ぐことができたのです。しかし、一人として地獄に堕ちた王はおりません。今の世の毗瑠璃《びるり》王・優陀耶《うだや》王・悪性《あくしょう》王・鼠《そ》王・蓮華《れんげ》王、これらの王もみんな自分の父を殺しております。一人として愁い悩んでおられる王はおりません。地獄や餓鬼や天上などということが言われておりますが、だれが見たというのでしょう。大王よ、生命には二種類があるだけです。一つには人間、二つには畜生であります。この二つがあるとはいえ、いずれも因縁によって生まれたものでなければ、因縁によって死ぬものでもありません。ただ自然に生まれ死ぬのです。もし因縁ということがなければ、どうして善因善果、悪因悪果などの善や悪ということがあるのでしょう。大王よ、愁いや怖れをお捨てなされ。なんとなれば、つねに愁い苦しめば、愁いはつのるばかりであるゆえです。これは人が眠りを好めば、眠りが長く深くなるようなものです。婬をむさぼり、酒をたしなむのも同じことです」〈中略〉これは阿耆多翅金欽婆羅《あぎたしきんきんばら》の教えである。

また、吉徳《きっとく》という名の大臣がいた。〈中略〉

「地獄という言葉にどのような意味があるのでしょう。私が説きますれば、〝地〟は土地のことであり、〝獄〟は破るということです。地獄を破っても罪の報いがあるはずはありません。これを〝地獄〟と名づけるのです。また〝地〟とは人のことであり、〝獄〟とは天のことであります。自分の父を殺すことによって人間や天人に生まれかわるであろう、という意味であります。それゆえに婆蘇《ばそ》仙人は、〝羊を殺して人間や天人の楽しみを得る。これを地獄と名づける〟と説いているのです。また〝地〟とは命のことであり、〝獄〟とは長いことであります。寿命の長いものを殺すゆえに〝地獄〟と名づけるのです。大王よ、それゆえに実際は地獄がないと知るべきです。大王よ、これは麦を植えて麦を得、稲を植えて稲を得るようなものです。地獄を殺せば、かえって地獄を得、人を殺せば、かえって人を得ることでしょう。大王よ、私の説くところによれば、殺害ということはないのです。もし私というものに実体がありますれば、これは害されることがありません。もし私というものに実体がなければ、これもまた害されることがないのです。なんとなれば、もし私が実体であるとすれば、変化というものがないからです。恒常であるがゆえに、殺害されないのです。これは破られず、壊されず、繫《つな》がれず、縛《いまし》められず、瞋らず、喜ばず、虚空のようなものであります。どうして殺害の罪がありましょう。またもし、私というものに実体がなければ、すべてのものが無常であります。無常というのは、瞬間瞬間に壊れ滅びるということです。瞬間瞬間に滅びるがゆえに、殺すものも死ぬものもすべてが瞬間瞬間に滅びております。もし瞬間瞬間に滅びるのであれば、だれに罪がありましょう。大王よ、火が木を焼いたところで、火に罪がないようなものであります。斧が樹を切ったところで、斧に罪がないようなものであります。鎌が草を刈ったところで、鎌に罪がないようなものであります。刀が人を殺したところで、刀は人ではありません。刀に罪がないのと同じであります。人にどうして罪がありましょう。毒が人を殺したところで、毒は人ではありません。毒薬が罪人でないのと同じであります。どうして罪がありましょう。一切万物、すべてが同様であります。殺害ということは、実際にはないのです。どうして罪がありましょう。大王よ、愁いや苦しみを生じてはなりませぬ。なんとなれば、もしつねに愁い苦しめば、愁いはつのるばかりであるからです。人が眠りを好めば、眠りは長く深くなるようなものです。婬をむさぼり、酒をたしなむのも同様であります。いま、迦羅鳩駄迦旃延《からくだかせんえん》という名のすぐれた大師がおります」〈中略〉

また、無所畏《むしょい》という名の臣がいた。〈中略〉いま尼乾陀若犍子《にけんだにゃけんし》というすぐれた大師がいる。〈中略〉

そのとき、耆婆《*ぎば》というすぐれた医師がいた。王のもとへ伺候して、

「大王よ、よくおやすみになれますか。どうでございましょう」

と言上した。王は偈でもってつぎのように答えた。〈中略〉

「耆婆よ、わしの今の病いは重い。仏法を信じる王を無道にも殺したゆえである。どのような良医も妙薬も呪術も巧みなる看病も治すことができない。なんとなれば、わしの父なる王は法に順って国を治めておった。まことに罪がなかった。わしはそれを無道にも殺した。わしは陸にあがった魚に等しい。〈中略〉わしはむかし、智者が〝身・口・意の行ないが清浄でなければ、そのものは必ず地獄に堕ちよう〟と説くのを聞いたことがある。わしは、これにまさにあてはまる人間である。どうして安らかに眠ることができよう。いまのわしにはまた、すぐれた医師もおらぬ。それが教えの薬を説いてくれれば、わしの病苦は除かれるかもしれぬが」

耆婆は答えて、つぎのように言った。

「王よ、それはよいことです。王は罪を犯したとはいえ、心に重い悔恨を生じて慚愧《ざんぎ》を抱いておられます。大王よ、諸仏世尊はつねにつぎのように説いておられます。〝二つの清浄なる教えがあって、よく衆生をたすける。一つには慚《ざん》、二つには愧《ぎ》である。慚はみずから罪を犯さず、愧は他人に教えて罪を犯さしめない。慚は内にみずから羞恥する。

愧は表に出して人に告白する。慚は人に向って恥じ、愧は天に向って恥じる。これを慚愧と名づける。慚愧なきものは人と名づけず、畜生と名づける。慚愧あるがゆえに、よく父母や師や年長者を恭敬するのである。慚愧あるがゆえに、父母・兄弟・姉妹の交わりがたもたれる〟。大王よ、よいことです。あなた様には、つぶさなる慚愧がありま す。〈中略〉王の仰せのとおり、王の病いをよく治すことができるものはおりますまい。しかし大王よ、迦毗羅《かびら》城の浄飯《じょうぼん》王の子、姓は瞿曇《くどん》氏、名は悉達多《しっだった》と名づけるお方がおいでになることをご存知あるべきです。このお方は師に教わらずして、自然に無上の悟りを得たもうたのです。〈中略〉これが仏世尊であります。金剛の智慧を具えておられて、衆生の一切の悪罪をよく破ります。破ることができない道理がないのです。〈中略〉大王よ、釈迦如来には提婆《だいば》達多という弟がいて、僧団を破壊し、仏身を傷つけて血を出さしめ、蓮華比丘尼と申す仏弟子を殺しました。五逆の大罪のうちの三つまでをも犯したのです。しかし、釈迦如来は提婆達多のためにさまざまな教えを説いて、このような重罪をも微薄なるものにしたもうたのです。それゆえに、如来を大良医とするのです。これは大臣たちが紹介した六師のようなお方ではありません。」〈中略〉

その時空中から声がして、

「大王よ、一つの逆罪を犯せば、いま申したような重罪をつぶさにこうむるのです。もし逆罪を二つ犯せば、罰も二倍になります。五逆をすべて犯せば、罰も五倍になりましょう。大王よ、あなたの悪の報いは、断じてまぬがれることができないものと知られます。大王よ、願わくば、すみやかに仏のみもとにもうでられなされ。仏世尊以外の方があなたを助けることはできないでしょう。私はあなたをあわれむゆえに、おすすめして導いているのです」

と言った。

大王はこの言葉を聞き終えて、心に怖れを抱いた。全身はおののき、芭蕉の木のようにふるえた。王は上方を仰ぎ見、

「天にいるのはだれであろう。姿を現わさず、声だけが聞こえているのは」

と言った。声は、

「大王よ、わしはおまえの父の頻婆沙羅《びんばしゃら》である。おまえは耆婆の教えに従え。邪見におちいっておる六人の臣の言葉に従ってはならぬ」

と言った。

阿闍世王は、これを聞くと悶絶して倒れ伏した。体をおおう瘡は急に増え、以前の倍ほども臭く穢なくなった。冷薬を塗って治そうとしても瘡は蒸《む》れ、毒熱は増すことがあっても減ることはなかった。〈以上抄出〉

臣下と六師および仙人の名をまとめれば、
大臣は日月称《にちがつしょう》と呼ばれ、師は富蘭那《ふらんな》と呼ばれる。
蔵徳《ぞうとく》であり、師は＊末伽梨拘舎離子《まかりくしゃりし》と呼ばれる。
一人の臣あって実徳《じっとく》であり、師は那闡耶毗羅肱子《なせんやびらせんし》と呼ばれる。
一人の臣あって悉知義《しっちぎ》と呼ばれ、師は阿耆多翅金欽婆羅《あぎたしきんきんばら》と呼ばれる。
大臣は吉徳《きっとく》と呼ばれ、＊仙人は婆蘇山《ばそせん》と呼ばれる。
師は尼乾陀若犍子《にけんだにゃくけんし》と呼ばれ、いま一人の師は加羅鳩駄迦旃延《からくだかせんえん》である。

また、つぎのようにものたまわれている。

「善男子よ、私は〝阿闍世王のために涅槃に入らぬ〟と説いた。このような秘奥の教えについて、そなたはまだ理解することができない。なんとなれば、私が〝ために〟というのは、一切凡夫のためにという意味である。〝阿闍世〟とは、一切の五逆の悪人のことである。また〝ために〟というのは、一切の煩悩にとらわれた衆生のためにという意味である。私は煩悩を離れた衆生のために、この世に滞在しているのではない。なんとなれば、煩悩を離れたものたちはすでに衆生ではないゆえである。〝阿闍世〟とは、煩悩を具足するものすべてをあらわしている。また〝ために〟というのは、仏性を見ることができない衆生のためにということである。仏性を見ることができるものたちのために、私は久しくこの世に滞在しているのではない。なんとなれば、仏性を見ることができるものは衆生でないゆえである。〝阿闍世〟とは、すべてのいまだ無上の悟りをひらこうと志す心を発さないもののことを言うのである。〈中略〉また〝ために〟とは、仏性を見させるためということである。〝阿闍〟とは、不生という意味である。〝世〟とは怨のことを言う。仏性を生じない(不生)ゆえに、煩悩のあだが生じるのである。煩悩のあだが生じるがゆえに、仏性を見ないのである。煩悩を生じなければ、仏性を見るのである。仏性を見るゆえに、大いなる涅槃に安住することができるのである。これをまた不生と名づけるのである。それゆえに、〝阿闍世〟と名づけるのである。善男子よ、〝阿闍〟とは不生ということである。不生はまた涅槃ということである。〝世〟とは世俗の事柄をさし、〝ために〟というのは穢《けが》れないということである。世俗の八事に穢されないゆえに、永劫無限の長きにわたって涅槃に入らないのである。それゆえに私は、〝阿闍世のために永劫無限に涅槃に入らない〟と説くのである。善男子よ、如来の秘奥の教えはそなたの思議を絶している。仏も法も僧も同様に思議を絶している。勝れた菩薩たちも思議を絶している。いま私が説く『大般《だいはつ》涅槃経』もまた思議を絶している」

そのとき、大いなる慈悲にみちた導師釈迦牟尼世尊は、阿闍世王のために月愛三昧《がつあいさんまい》に入りたもうた。三昧に入り終えて大光明を放ちたもうた。その光は王のもとへ赴いて清

らかに涼しく照らした。身の瘡はたちまち治った。〈中略〉

王は、

「耆婆よ、あのお方は天にましますす最上のお方である。なんの因縁をもってこの光明を放ちたもうたのであろう」

と言った。耆婆は答えて、

「大王よ、この清浄な光は王のために放たれたものと思われます。王がまず、〃この世に、わしの心身を治す良医がおらぬ〃と仰せられたゆえに、世尊はこの光を放ってまず王の体を治されたのです。そのあとで、王の心を治されることでしょう」

と言った。王は耆婆に、

「如来世尊は、わしのようなものを思うてくだされるのであろうか」

と言った。耆婆は答えてつぎのように言った。

「たとえば七人の子を持つものがいて、そのうちのだれかが病気にかかれば、父母の心は平等でないはずはないとしても、心は病める子にひとえに傾くようなものです。大王よ、如来も同じです。もろもろの衆生を平等にあわれんでおられるのですが、罪を犯したものには心がひとえに傾くのです。放逸のものをこそ、仏は慈しみたもうのです。放逸でないものは放置されるのです。放逸でないものとは、六住*の菩薩のことです。大王よ、諸仏世尊はもろもろの衆生のなかに、血すじや、老少といった年齢や、貧富や、生まれた時節や、日月星宿や、手仕事をするものや、下賤なものや、下僕や下婢などの区別を意にかけられません。ただ衆生のなかの善心を具えたものを心にかけられるのです。善心があるものを慈しみたもうのです。大王よ、この清らかな相《すがた》は、如来が月愛三昧に入って放ちたもう光明であると知るべきです」

王は、

「どのようなことを月愛三昧と名づけるのか」

と訊ねた。耆婆は答えてつぎのように言った。

「たとえば、月の光がすべての青蓮華の花をあざやかに咲かせるようなものであります。月愛三昧もそれに似ております。衆生に善心の花を開かせるのです。それゆえに、月愛三昧と名づけるのです。大王よ、たとえば月の光が、道を行くすべての人の心に歓喜を生じさせるようなものです。月愛三昧もこれに似ています。涅槃への道を習い修めるものの心に歓喜を生じさせます。そのゆえにも、月愛三昧と名づけるのです。〈中略〉これは諸善のなかの王であって、甘露味とされるものです。一切衆生が愛好しているものです。そのゆえにも、月愛三昧と名づけるのです」と。〈中略〉

阿闍世王がいよいよ釈尊のもとを訪れるとき、仏はもろもろの大衆《だいしゅ》（仏弟子）につぎのようにのたまわれた。

「一切衆生が阿耨多羅三藐三菩提に近づく因縁を得るためには、善友を得ることが何よりも優先する。なんとなれば、もし阿闍世王が耆婆の言葉に順《したが》わなければ、来月の七日に必ず命を終えて阿鼻*地獄に堕ちたのである。それゆえに、その日は近づきつつあったのである。ひとときも早く善友を得るにしくことはない」

阿闍世王もまた仏のもとをおとずれる途中で、次のような話を聞いた。

「舎衛城の毘瑠璃《*びるり》王は舟に乗って海辺にいたときに、災厄に会って死んだ。*瞿伽離比丘《くかりびく》は生きながら大地が裂け、そこに落ちて、阿鼻地獄に堕ちた。須那刹多《しゅなせった》はさまざまな悪行を行なったが、仏のもとを訪ねたゆえに、もろもろの罪が消滅した」

王はこの話を聞いて耆婆に、

「わしはいま、このような二つの話を聞いたが、まだ会得できない。ゆえに釈尊の所へ行くのも、実は半信半疑である。おまえは、わしを仏のもとへ導こうとして訪れた。ゆえに仏の教えを信じきっているであろう。耆婆よ、わしはおまえと一緒に象に乗ろうと思う。たとえわしが阿鼻地獄へ堕ちようとしても、おまえはわしをつかまえて堕ちないようにしてくれ。なんとなれば、わしはむかし、〝仏道を得たものは地獄に堕ちない〟と聞いたことがあるからじゃ」

と言った。〈中略〉

釈尊が阿闍世王に仰せられた。

「そなたは何ゆえに必ず地獄に入ると言うのか。大王よ、あらゆる衆生がなすところの罪業に、およそ二種類がある。一つには軽い罪、二つには重い罪である。心と口とによってなす罪は軽と名づける。体と心と口でつくるものは重と名づけるのである。大王よ、心に思い、口に語って体でなさなければ、得るところの報いは軽い。大王はむかし、口でもって父王を殺せとは命じず、足を斬れと言ったのである。*大王がもしも殺せと命じたのであれば、侍臣たちはたちどころに王の首を斬ったであろう。侍臣たちが、父王が坐っているときに斬ったとしても、大王の命令ではないゆえに、大王はなお罪を得ないのである。ましてや王は、殺せとの勅《みことのり》を発してはいない。どうして罪を得ることがあろう。王がもし罪を得るのであれば、諸仏世尊もまた罪を得たもうであろう。なんとなれば、そなたの父頻婆沙羅《びんばしゃら》先王はつねに諸仏を供養してもろもろの善根を植えた。それゆえに今日、王位につくことができたのである。諸仏がもし頻婆沙羅の供養をうけなければ、王となることができなかったであろう。もし王となっていなければ、そなたは国のために王を殺すこともなかったであろう。もしそなたが父を殺して罪を得るというのであれば、われわれ諸仏にもまた罪があろう。もし諸仏世尊が罪を得ないのであれば、そなた一人がどうして罪を得ることがあろう。

大王よ、頻婆沙羅はむかし悪心があって毘富羅山《びふらせん》に遊び、鹿を射ようとして曠野を歩きまわったことがある。一匹も狩ることができず、ただ五種の神通力をえた仙人と会った。頻婆沙羅は見たとたんに瞋《いか》りと悪心を生じて、『獲物がいないのは、この仙人が追い払ったからに違いない』と思い、左右に命じてこの仙人を殺させた。仙人は、死の間際に瞋りの悪心を生じたので、神通力を失ってしまった。最期にあたり、『私にはまったく罪がない。おまえは心と口でもって無道な殺害を加えた。私は来生において、おまえがしたと同様に心と口でもっておまえを害してやろう』と誓った。先王は聞き終えると、たちまち後悔して、屍を供養したのである。先王は、この供養のためにこのように軽い罪をうけるだけで、地獄には堕ちなかった。王はこれほどの罪すら犯していないのに、どうして地獄の果報を受けることがあろう。先王はみずから罪をつくり、みずから報いを受けたのである。どうしてそなたに殺人の罪をきせることができよう。王の仰せのとおり父の王に罪がなかったのであれば、どうして殺されるという報いを受けたのであろうか。罪があるゆえに罪報を受けるのである。悪業がなければ罪報はないのである。そなたの父先王に罪がなければ、どうして罪の報いがあろう。頻婆沙羅は現世において善と悪の果報を得たのである。それゆえに先王の報いは、善とも悪とも決められないのである。報いが善いとも悪いとも決められないのであれば、先王を殺した罪の報いもまた、善とも悪とも決められない。そうであるならば、何ゆえに〝必ず地獄に入る〟と言いうるのであろうか。

大王よ、衆生の狂惑にはおよそ四種類がある。一つには貪欲が原因であるもの、二つには薬が原因であるもの、三つには呪《まじない》が原因であるもの、四つには過去世の罪の報いで狂っているものである。大王よ、私の弟子のなかに、この四種の狂人がいる。彼らの多くは悪業をつくるのであるが、私はこのものが戒を犯したとは言わないのである。このものは報いとして三悪道に堕ちないのである。もしも正気にもどることができれば、戒を破ったりはしないゆえにこのように言うのである。王はかつて国を貪ろうとして、父の王を逆害した。これは貪欲が原因で狂ったゆえの行ないである。どうして罪を得ることがあろう。大王よ、人が酒によって自分の母を逆害したとしよう。酔いがさめてから心に悔恨を生じるようなものである。まさに知るべきである。この悪業もまた報いを得ないのである。王はいま貪欲に酔っていたのであり、本心で行なったのではない。もし本心で行なわなければ、どうして罪を得よう。

大王よ、これはたとえば幻術師が、四つ辻でさまざまな男女や象や馬や瓔珞《ようらく》や衣服などを幻に出してみせるようなものである。愚かなものはこれを真実と思うであろうが、智慧あるものは真実ではないと知っている。そなたの殺害もこれと同じであって、凡夫は真実と思うが、諸仏世尊は真実ではないと知っておられるのである。大王よ、これはたとえば山谷《さくこく》のこだまのようなものである。愚かなものはこれを真実の声と思うであろうが、智慧あるものは真実ではないと知っている。そなたの殺害もこれと同じであって、凡夫は真実と思っているが、諸仏世尊は真実ではないと知っておられるのである。大王よ、これは恨みを抱くものが、偽りきたって親しむようなものである。愚かなものはこれを真実親しんでいると思うであろうが、智慧あるものは虚しい偽りであると悟るのである。そなたの殺害もこれと同様である。凡夫は真実と思うが、諸仏世尊は真実ではないと知っておられるのである。大王よ、これは人が鏡を手にして、自分の顔を見るようなものである。愚かなものはこれを真実の顔であると思うが、智慧あるものは真実ではないと悟るのである。そなたの殺害もそのようである。凡夫は真実と思うが、諸仏世尊は真実ではないと知っておられるのである。大王よ、これは熱いときの陽炎《かげろう》のようなものである。愚かなものはこれを水であると思うが、智慧あるものは水ではないと悟るのである。そなたの殺害も同様である。凡人は真実と思うが、諸仏世尊は真実ではないと知っておられるのである。大王よ、これは蜃気楼のようなものでもある。愚かなものはこれを真実であると思うが、智慧あるものは真実でないと悟るのである。そなたの殺害もそのようである。凡夫は真実と思うが、諸仏世尊は真実ではないと知っておられるのである。大王よ、これは人が夢のなかで五欲の楽しみを得るようなものである。愚かなものはこれを真実であると思うが、智慧あるものは真実でないと悟るのである。そなたの殺害も同様である。凡夫は真実と思うが、諸仏世尊は真実ではないと知っておられるのである。

大王よ、殺害の仕方と行為と、加害者と殺害の報いおよびその脱し方、私はそれらのすべてを悟っている。そのうえで、そなたに罪がないと説くのである。王が殺害の仕方をよく知っていても、どうして罪があろう。大王よ、酒をつかさどる人が酒についてよく知っていても、酒を飲まなければ酔わないのと同じである。また、火を知っていても、それだけでは物を焼かないのと同じである。王もまた、そのようである。殺害を知っているとしても、どうして罪があろう。大王よ、もろもろの衆生がいて、日の出ているときにさまざまな罪を行なうとしよう。月の出ているときにもまた、盗みを働くとしよう。日や月が出なければ、罪行を働かないとしよう。日月によって罪行が行なわれるのであるとはいえ、日にも月にも罪はない。そなたの殺害も同様である。〈中略〉

大王よ、たとえば涅槃はこの世のものと同様に、あるのではなく、ないのではなく、しかもあるのである。そなたの殺害も同様である。あるのでもなく、ないのでもなく、しかもあるのである。とはいえ、慚愧する人は〃あるのではない〃とする。慚愧のないものは〃ないのではない〃とする。果報を受けたものがこれを〃ある〃とするのである。この世の空相（この世のいかなるものにも実体がないという真実の相）を知っているものは〃あるのではない〃とし、空相を知らぬものは〃あるのでないのではない〃とする。空相を知らぬものはまた〃ある〃とする。なんとなれば、空相を知らぬものは果報を得るがゆえである。空相を知っているものには果報がない。空相を知るものは〃あるのではない〃とする。空相を知らぬものは〃ないのではない〃とする。空相を知らぬものは〃ない〃とすることができないのである。何をもってのゆえかといえば、空相を知らぬものには、悪業の果報があるゆえである。それゆえに、空相を知らぬものは〃ない〃とすることができないのである。この道理のゆえに、〃あるのでもなく、ないのでもなく、しかもあるのである〃と言うのであるが、大王よ、衆生とは出入する息をもって名づけられる。出入する息を絶つゆえに、〃殺〃と名づける。諸仏はこの一般の用法に従って〃殺〃という言葉を説いたのである」〈中略〉

阿闍世王は言った。

「釈尊よ、私が世間を見るに、伊蘭の種子よりは伊蘭樹が生じる。伊蘭より栴檀《せんだん》樹が生じるのを見たことがない。私はいま初めて伊蘭の種子より栴檀樹が生じたのを見た。

〝伊蘭の種子〟とは私の身である。〝栴檀樹〟はすなわち私の心、無根（自分の心に根ざしていない）の信である。〝無根〟とは、私は初め如来を恭敬することを知らず、法や僧を信じなかったが、これを無根と名づけるのである。釈尊よ、私がもし如来なるあなたに遇わなければ、まさに無限の長い年月のあいだ、大地獄にあって無量の苦を受けたことであろう。私はいま仏を見たてまつっている。私はこの仏を見て、得るところの功徳でもって、衆生の煩悩悪心を破壊せしめます」

仏はのたまわれた。

「大王よ、よいかな、よいかな。私は今、そなたが必ず、よく衆生の悪心を破壊するようになるであろうことを知った」

阿闍世王は言った。

「釈尊よ、もし私があきらかによく衆生の諸悪の心を破壊することができれば、私はつねに阿鼻地獄にあって無量劫のあいだ、もろもろの衆生のかわりに苦悩を受けても、それを苦とはしないでしょう」

そのときに＊摩伽陀《まかだ》国の無数の人民が、ことごとく無上の悟りをひらこうと志す心を発《おこ》した。これらの無数の人民が大菩提心を発したゆえに、阿闍世王が身に具えた重罪はたちどころに微薄なものになることができた。王も夫人も後宮も采女《うねめ》も、ことごとく同じ無上の悟りをひらこうと志す心を発した。そのときに阿闍世王は耆婆に語って言った。「耆婆よ、私は今、まだ死んでいないのに、すでに天の身を得た。人の短命を捨てて仏の長命を得、無常の身を捨てて常身を得たのである。そしてもろもろの衆生に、無上の悟りをひらこうと志す心を発させたのである」〈中略〉

諸仏の弟子となった阿闍世王は、この言葉を説き終えると、すぐにさまざまな宝幢《ほうどう》を持って釈尊を供養し、〈中略〉また偈讃でもって讃嘆してつぎのようにうたった。

真実の言葉ははなはだ微妙である
言葉の意味は善く巧みであって
はなはだ深い秘密を蔵している
衆生のために

あらゆる言葉が顕示され
衆生のために要約して説かれる
広博・要約もろもろの言葉を具えて
よく衆生をいやしてくだされる

もしもろもろの衆生があって
この言葉を聞くことができたものは
信じるものも信じないものも
必ずこの仏説の意味を知るであろう

諸仏はつねに柔和な言葉を用いられるが
衆生のためには時として乱暴な言葉で説きたもう
粗い言葉も柔和な言葉も
すべては仏法の真実を説きたもう

それゆえに私は今
釈尊に帰依したてまつる
如来のみ言葉の意味がいつも同じであることは
大海の水のようである

これを第一義諦《たい》と名づける
それゆえに、つねに意味のある言葉であって

如来が今説きたもうた
もろもろの無量の教えは
老若の男女が聞いて
等しく仏法の真実を獲得しよう

彼らは因果を離れ
生まれることもなければ滅びることもない
これを大涅槃と名づける
聞くものの煩悩を破る

如来は一切の衆生のために
つねに慈父母となりたもう
まさに知るべきである

もろもろの衆生はすべて如来の子である

釈尊の大いなる慈悲が
衆生のために苦行を修したもうたことは
人が鬼や魔にくるわされて
狂乱してさまざまな行ないにふけるかのようであった

私はいま仏を見ることができた
身にも口にも心にも善を得た
願わくばこの功徳をもって
私は無上の仏道に廻向しよう

私がいま供養するところの
仏と法と僧たちよ
願わくばこの功徳をもって
つねにこの世におわしますように

私が今まさに得られるところの
種々のもろもろの功徳
願わくばそれでもって
衆生の四*種の魔を破壊しよう

私はかつて悪なる指導者に会い
三世にわたる罪をつくった
いま仏前にあって私は悔いている
願わくば今後さらに罪をつくることをなからしめよ

願わくばもろもろの衆生よ
等しくことごとく菩提心を発《おこ》したまえ
心をかけてつねに
全宇宙の一切の仏を思念しよう

また願わくばもろもろの衆生よ
末長くもろもろの煩悩を破って
だれもが文殊菩薩のように
明らかに仏性を見るように

そのときに釈尊は阿闍世王を賞めて、つぎのように仰せられた。

「よいかな、よいかな。もし人があってよく菩提心を発したとしよう。まさに知るべきである。この人は諸仏とそれに仕える僧侶とを荘厳するのである。大王よ、そなたがむかし*毘《び》婆《ば》尸《し》仏のもとにいたときに、すでに初めて菩提心を発していたのである。それよりこのかた私が世に出るまでのあいだ、そなたはいまだかつて地獄に堕ちて苦しみを受けたことがない。大王よ、まさに知るべきである。菩提心には、まさにこのような無量の果報があるのである。大王よ、今日より後つねにねんごろに菩提の心を修められよ。何をもってのゆえかといえば、菩提心の因縁にしたがって、まさに無量の悪を消滅することができるゆえである」

そのとき阿闍世王および摩伽陀国の一切の人民がこぞって席より立ち、仏のまわりを三度めぐり、退出して宮殿へ帰って行った。〈以上抄出〉

また、つぎのようにものたまわれている。

善男子らよ、王舎城の王に頻婆沙羅《びんばしゃら》があり、太子の名を善見《ぜんけん》（阿闍世）と言った。業の因縁のゆえに悪逆の心を生じ、自分の父を殺害しようとしたが、機会をえなかった。そのときに悪人提婆達多《だいばだった》も過去世の業の因縁によるがゆえに、私のもとで不善の心を生じ、私を殺害しようとした。提婆達多は五種の神通力を修めて、やがて善見太子と親交をうるようになった。提婆達多は太子のためにさまざまな神通力を現わしてみせた。門でないところより出ていって門から入ったり、門から出て門でないところから入ってきたりした。あるときは象や馬や牛や羊や男女の姿に変わって見せた。善見太子はこれを見て、愛と喜びと敬信の心を生じた。これが原因となって、太子はさまざまな供養の品をおごそかにもうけて提婆達多を供養した。また、

「大師聖人よ、私は今、*曼陀羅華《まんだらけ》を見たいと思う」

と言った。提婆達多はそのとき、神通力によって*三十三天にのぼり、天人のもとへ行って曼陀羅華を求めたが、提婆達多の福は尽きていたゆえに、だれも与えるものはなかった。提婆達多は華が得られなかったゆえに、「曼陀羅の樹に我性がなければ、だれのものでもない。私が盗んだところで、なんの罪があろう」と考えた。すなわち、すすんで摘もうとしたのであるが、とたんに神通力を失った。わが身をかえりみると、王舎城に

もどっていた。提婆達多は心に慚愧の念を生じ、太子と会うこともできなかった。そこで、「私は釈尊のみもとへおもむき、大勢の僧侶を私の弟子とするよう求めよう。もし釈尊が許してくれれば、私は意のままにその者たちを教えることができ、舎利弗《しゃりほつ》などに命令できよう」と考えた。

提婆達多はただちに私のもとを訪れ、

「釈尊よ、願わくばこの僧侶たちを私にゆずりたまえ。私はさまざまに法を説いて教化し、僧たちを従わしめよう」

と言った。私はこの癡人《ちじん》に、

「舎利弗たちは大いなる智慧を具えていて、世間から信頼されている。にもかかわらず、私は彼らに僧たちを委ねない。ましてや、そちのような他人の唾をくらう癡人にどうして委ねられよう」

と言った。提婆達多は私のもとにいて、ますます悪心を生じ、

「*瞿曇《くどん》よ、そなたはいま僧たちを従わしめているが、この勢いは長くはない。きっと衰えるときをみるであろう」

と言った。語り終えるや、大地は六度震動した。提婆達多はたちまち大地に倒れ、身のまわりから大暴風が起こり、砂塵を吹きあげて、その身を穢《けが》した。提婆達多はおのれの

悪相を見ると、

「もし私が生きながら阿鼻地獄に入るのであれば、私の悪でもってこの大悪に報復しよう」

と言った。提婆達多はすぐさま立ち上がって、善見太子のもとへ出かけた。善見は提婆達多を見ると、

「聖人よ、どうして顔容《かんばせ》は憔悴し、愁いをたたえておられるのですか」

と訊ねた。提婆達多は、

「私はつねにこのようである。そなたは知らなかったのか」

と言った。善見は答えて、

「私はそのわけを承りたい。どういう因縁で憔悴しておられるのでしょう」

と言った。提婆達多は、

「私は今、そなたときわめて親愛している。ところが世間のものは、そなたをののしって道理にはずれていると言っている。私がそれを聞いて、どうして愁えないでいられよう」

と言った。善見太子は、

「国民《くにたみ》はどうして私をののしり、はずかしめるのであろう」

と言った。提婆達多は、

「国民はそなたを未生怨《みしょうおん》とののしっている」

と言った。善見は、

「何ゆえに、私を未生怨と名づけるのであろう。だれがこの名をつけたのであろう」

と言った。提婆達多は、

「そなたがいまだ生まれぬ前に、国中の占い師がこぞって、この子は生まれればきっと父を殺すであろう、と予告した。それゆえに、世間のものはすべて、そなたを未生怨と呼ぶのである。身近なものたちは、そなたの心を損《そこな》わないために善見と呼んでいるのである。毗《び》提《だい》夫人（韋提希夫人）はさきの予言を聞いて、そなたを産みおとすとき、高殿の上に登って、そこでそなたを産み大地に落とした。そのためにそなたの指が一本折れたのである。この因縁があるゆえに、人びとはそなたを婆羅《ばら》怨枝《おんし》（折れ指）とも呼ぶのである。私はこういう話を聞いたときに、心は愁い憤おった。しかしそなたに向って、これを説き明かすことはできなかった」

と言った。提婆達多はこのようなさまざまな悪事を教えて、父を殺させようとし、

「もし、そなたが父を殺せば、私もまた瞿曇沙門を殺すであろう」

と言った。善見太子は雨行《うぎょう》という名の大臣に、

「頻婆沙羅大王は何ゆえに私を名づけるときに、未生怨としたのであろう」

と訊ねた。大臣はその経緯《いきさつ》を説いたが、提婆達多が説いたとおりであり、異なるところはなかった。


善見は聞き終えると、ただちに大臣と一緒に父の王をとらえ、城の外に幽閉した。象兵・馬兵・車兵・歩兵の四種の軍兵でもって見張らせた。毗提夫人は事の次第を知ると、王のもとを訪れた。見張りの兵たちは夫人を入れようとしなかった。夫人は瞋ってののしった。見張りの兵たちは太子に、

「大王の夫人が、父の王を見ようと思うのは気がかりなことです。お許しするべきでしょうか」

と言った。善見は聞き終えると瞋りを生じ、そくざに母のもとへおもむいて、髪の毛をつかむと刀を抜いて斬ろうとした。そのときに耆婆は、

「大王よ、国がはじまって以来、女性がきわめて重い罪を犯したところで、処罰されたことがありません。ましてや、産みの母をどうして罰せられましょう」

と言った。善見太子はこの言葉を聞くと、耆婆のために母を許したが、大王に対しては衣服も寝具も飲食物も薬湯も与えることを禁じた。それゆえに、七日後に王の命が絶えたのである。善見太子は父の死を聞くと、悔恨の心が生じた。雨行大臣はふたたびさま

ざまな邪《よこし》まな教えを善見のために説いて、

「大王よ、一切の業行に罪はありません。何ゆえに悔いておられるのですか」

と言ったのであるが、耆婆はふたたびその罪を説いて、

「大王よ、このような業には二重の罪業があると知るべきです。一つには父の王を殺したのであり、二つには同時に聖者の域に達したもの（須陀洹《しゅだおん》）を殺したのです。このような罪は、仏以外に除滅してくだされる方はおりません」

と説いた。善見王は、

「如来は清浄であって、穢濁《えじょく》がおわしまさぬ。われらのような罪人がどうしてお遇いできよう」

と言った。


　善男子らよ、私（釈尊）はこのことを知ったゆえに、阿難に、「私は三か月をすぎれば入滅するであろうゆえに」と告げたのである。

　善見はこれを聞くと、ただちに私のもとを訪れ、「*私のために教えを説いて、重罪を薄くすることと、無根の信とを得させてください」と言った。

　善男子らよ、私の弟子たちの中には、私が善見のために説いた「三か月をすぎれば入滅する」という言葉の真意を理解できなかったゆえに、「如来はきっと入滅をお説きに

なったのであろう」と言う者がいたのである。

善男子らよ、菩薩には二種類がある。一つには真実の菩薩、二つには名ばかりの仮りの菩薩である。後者は「私が三月の後に入滅するであろう」と聞いて、すべてが退転の心を生じ、

「もし如来も無常であって、この世に長くとどまっておられないのであれば、われらはどうすればよいのであろう。われらは無常の身に生まれたために、限りない生死をくり返して、大いなる苦悩を受けたのである。如来釈尊は無量の功徳を成就し、身に具えたもうて、なお無常を打ち破れない。ましてや、このような死魔を破れようか。釈尊すらおできにならぬ以上、われらがごときが打ち破れる道理がない」

と言った。

善男子らよ、それゆえに、私はこのような菩薩のために、「如来は常住不変であって変化することがない」と説くのである。私の弟子たちがこの説を聞き終えて、まだ私の心を悟らなければ、きっと、「如来は究極には入滅したもうのではない」と説くのである。〈以上抄出〉

以上のような大聖釈尊の真実の教えによれば、五逆・謗法《ぼうほう》・一闡提《せんだい》（仏教に無縁なもの）という救われがたい三種のもの、すなわち癒《いや》しがたい三種の病人は、阿弥

陀仏の大悲の弘大なる誓願をたのみ、他者を利益してくだされる信心の海に帰入すれば、弥陀はひろくあわれんで治療してくだされるのである。たとえば、醍醐の妙薬が一切の病いを治すようなものである。濁世に生きる人びとよ、悪に生きる穢れた群衆よ、金剛不壊の真実信心を求めて念仏されよ。本願醍醐の妙薬を固く身に保つべきであると、よく知るべきである。

大乗の諸経典に、救われがたいものについて説かれている。『大無量寿経』には「ただ五逆と正法を誹謗するものは除く」と言われ、『無量寿如来会』では「ただ無間地獄に堕ちる悪業を犯したものと正法および諸聖人を誹謗するものとは除く」とのたまわれている。しかし『観無量寿経』では、五逆の悪人の往生浄土も証明され、誹謗のものの往生については説かれていない。また『涅槃経』では、救われがたいものと病いとを説いている。これらの真実の教えの間の異同は、どのように考えるべきであろう。

答えは曇鸞大師の『浄土論註』に、つぎのように説かれている。

問う。『無量寿経』には、「往生を願うものは、すべて往生できる。ただ五逆の大罪を犯したものと正法を誹謗するものとは除く」と説かれている。しかるに『観無量寿経』には、「五逆や十悪の大罪を犯したものも、もろもろの不善を身に具えているものも往生できる」と説かれている。この二経はどうして合致するのであろう。

答う。前者は、二種類の重罪を具えたものは往生できないと説かれているのである。一つには五逆、二つには正法を誹謗することである。この二種類の罪を具えているゆえに、それゆえに往生できないのである。後者においては、ただ十悪・五逆などの罪をつくるものと言って、正法を誹謗するとは言われていない。正法を誹謗しないゆえに、それゆえに往生できるのである。

問う。たとえ一人の者が五逆を身に具えても正法を誹謗しなければ、『観無量寿経』において往生を得ることを許されている。別の一人があって、ただ正法を誹謗し、五逆のもろもろの大罪を犯していないとすれば、その者が往生を願えば、生まれることができるであろうか、できないのであろうか。

答う。ただ正法を誹謗するのみであって、他の罪がないとはいえ、その者は決して生まれることができない。なんとなれば、『大品般若経』*につぎのように宣《のたま》われているゆえである。五逆の大罪を犯した者は、阿鼻大地獄のなかに堕ちて、一劫のあいだすべての重い罰をうける。正法を誹謗する者は阿鼻大地獄のなかへ堕ちて、一劫のあいだ罰をうけたあとで、別の阿鼻大地獄へ移っていく。このようにして幾百幾千の阿鼻《あび》大地獄を巡るばかりである。仏は出獄できる時節を記したもうておられない。正法を誹謗する罪は極重であるゆえである。また、正法とは仏法のことである。この愚痴の人は、すでに仏法を誹謗したのである。どうして仏国土に願って生まれる道理があろう。たとえ、浄土が安楽であると聞いて貪欲の心で往生を願ったとしても、水ではない氷や、煙を出さぬ火を求めるようなもので、どうして生まれられる道理があろう。

問う。どのような相《すがた》を、正法を誹謗することと言うのであろう。

答う。もし、「仏はいない、仏法はない、菩薩はいない、菩薩の法はない」と主張するとすれば、これらの見解を、みずからの心でもって承認してしまう者も、他人の教えに従って心に決定してしまう者も、すべて正法を誹謗する者と名づける。

問う。これらの見解は、ただ当人一人の事柄である。五逆のように他人に苦痛を与えるものではない。にもかかわらず五逆罪より罪が重いというのは、どのような苦痛を他人に与えると言うのか。

答う。もし、諸仏菩薩が在家と出家の善き生き方を説いて衆生を教化しなければ、どうして仁義礼智信のあることが知られよう。このような在家の一切の善き教えが、すべて絶えてしまい、出家の一切の賢人も聖人もすべて滅びてしまうであろう。そなたは五逆の罪が重いことを知っているばかりで、五逆の罪が正法がないことから生じることを知らない。それゆえに、正法を誹謗する人の罪が最も重いのである。

問う。『業道経《ごうどう》』には、「業の道は秤《はかり》のようなものである。重いものがまず地獄へひかれてゆく」と説かれている。ところが『観無量寿経』に、つぎのように言われている。「五逆・十悪の大罪を犯した者や、もろもろの不善を身に具えた者は、悪なる世界に堕ちて、無数の劫年のあいだに無量の苦をうけるであろう。しかし、命が終わるときに善知識が教えて、南無無量寿仏ととなえさせるとしよう。教えに従って心を至し、声を絶えさせないで十度となえれば、たちまち安楽の浄土に往生することができる。大乗正定《しょうじょう》の聚《じゅ》のなかに入って、ついに退くことがない。地獄・餓鬼・畜生のもろもろの苦しみから、とこしえに隔てられる」と。これは「業の重いものがまずひかれる」という業の道理に反するように思われる。これはどういうことであるのか。また、われわれは遙かなむかしより無数の生死をくり返し、あらゆる行為をすべて行なってきた。煩悩による行為が、われわれを輪廻の世界に繋ぎとめつづけているのである。ただ十度南無阿弥陀仏と念仏するだけで、たちどころに輪廻を脱出できるのであれば、〝業に繋がれる〟ということの意味はどうなってしまうのであろう。

答う。そなたは五逆や十悪の業の繋縛《けばく》を重いとし、下下品《げげぼん》のものの十度の念仏を軽いとしている。それゆえに、罪のためにひかれて、まず地獄に堕ちたり、輪廻の世界に繋がれていると主張するのである。この軽重の意味をよく考えるべきである。軽重の差は心にあり、縁にあり、決定にあるのであって、時節の長短や多少にあるのではない。何ゆえに心にあるのかと言えば、このような罪をつくるものは、みずから虚妄・顛倒の見解に支配されて犯したのである。一方、十度の念仏は善知識が方便でもって罪人をなぐさめ、真実の教えを聞かしめたことによってとなえられたものである。こちらは実であり、前者は虚である。どうして比べることができようか。たとえば、千年のあいだ闇にたたえられていた部屋に、いささかでも光が差し入れば、ただちに明朗になるようなものである。闇が千年間たたえられていたゆえに、消えない道理はない。これを「心に在る」と名づけるのである。また何ゆえに「縁に在る」かといえば、このような罪を犯したものは、みずから妄相の心に支配され、虚妄なる煩悩をもった衆生に対してなされるものである。一方の十度の念仏は無上の信心によって生じ、阿弥陀仏の方便によって差し向けられた、荘厳なる、真実なる、清浄なる無量の功徳を具えた名号によって生じたものである。たとえば毒矢をうけて筋を切り、骨を破られたものが、滅除薬《めつじょやく》を塗った鼓の音を聞けば、たちどころに矢が抜けて毒が除かれるようなものである。*〈『首楞厳三昧経』に、つぎのようにのたまわれている。〝たとえば滅除という名の薬がある。合戦のときにこれを鼓に塗れば、音を聞いたものの矢が抜け、毒が除かれる。菩薩もまたそのようである。首楞厳三昧の境地に住んで、その名を聞くものは、貪り、瞋り、癡の三毒の矢が自然に抜け出る〟と〉どうしてこの矢が深く、毒がはげしいからといって、鼓の音を聞いても矢が抜けたり、毒が除かれることがありえないと言えよう。これを「縁に在る」と名づけるのである。また何ゆえに「決定に在る」かといえば、このような罪を犯したものは、まだ後があると思うのんびりした心や、いろいろな雑念のまじった心に支配されて犯したのである。一方の十度の念仏は、後のないという緊張した心と純粋な心によって生じたのである。これを「決定」と名づけるのである。この三つの意味をかえりみれば、十度の念仏が重い。重いほうがひいて、よく輪廻の世界を脱出させるのである。二つの経の意味は同一である。

問う。どれくらいの時間を一念と名づけるのであろう。

答う。ものが生滅する時間を、百一合わせた時を一刹那と名づける。六十の刹那を一念と名づけるのである。しかし、ここで念というのは時間の意味ではない。ただ阿弥陀仏を心に憶って、その全体のお相《すがた》であれ、一部のお相であれ、それぞれのときに、心に他の何ものをも憶わずに十度憶いつづけることを〝十念〟と名づけるのである。また、名号をとなえることも同じである。心に他の何ものをも憶わず、十度となえることを十念と言うのである。

問う。心がもし他のことに向けば、ふたたび念仏にかえることによって、念の多い少ないを知ることができる。しかしながら、数がわかるということは念仏に集中していないということである。もしも心を凝らして阿弥陀仏を思いつづけるのであれば、何によって念仏の多い少ないを記録できるというのであろう。

答う。『観無量寿経』に〝十念〟と言われているのは、往生の原因が完成することを明らかにしているのみである。必ず数を数えなければならないということではない。〝ひぐらしのように春や秋を知らない虫が、どうして自分が生きている時節が夏であることを知ろう〟と言われるようなものである。他の季節を知っている人間が、それを夏であると知るのである。〝十念によって往生の原因が完成する〟というのも、み仏のような神通力の持ち主がその内容を知っておられるのみである。ただ念仏をつづけて憶いを他のことに向けなければ、それで十分である。どうして念仏の数を知らなければならないと言うのであろう。もし知りたいと思うのであれば、その手段はある。しかし、それは口頭で教えるべき事柄であって、筆に記してはならない。〈以上〉

光明寺の善導和尚の『観経疏』のなかの「散善義」には、つぎのように説かれている。

問う。四十八願のなかでは、「五逆の大罪を犯したもの」と「正法を誹謗するもの」の両者が除かれて、往生できないとされている。ところが『観無量寿経』の下品下生《げぼんげしょう》の項目では「正法を誹謗するもの」は除かれ、「五逆の大罪を犯したもの」は往生できるとされている。これは、どういう意味であろう。

答う。この意味は、弥陀のみ心を仰いで、押さえ止めるための法門（抑止門《おくしもん》）という意味に解釈する。四十八願のなかで謗法と五逆が除かれているのは、この罪の報いがきわめて重いゆえである。衆生がもし犯せば、ただちに阿鼻地獄に入り、無量劫年のあいだ苦しみを受けて出られるすべはない。阿弥陀仏は衆生がこの二つの罪過をつくることをおそれられ、抑止《おくし》（制止）する心を表わして〝往生できない〟と宣われたのである。これは浄土へ受け入れられないということではない。また、『観無量寿経』の下品下生の項で五逆を往生させて謗法を排除しておられるのは、五逆はすでに犯してしまった罪であるゆえである。これを見捨てて流転させてはならない。それゆえに、大慈悲心を発して摂取して往生させてくださるのである。一方、謗法の罪はいまだ犯されていない。それゆえに、これを制止しようとして〝もし謗法を犯せば浄土に生まれさせない〟と宣われたのである。こちらは、いまだなされていない行為（未造業《みぞうごう》）ということで解釈するのである。もし謗法の罪を犯せば、弥陀はそのものをも摂取して往生させてくださされるであろう。ただし、このものが浄土に生まれることができたところで、そのものが入る蓮《はす》の華《はな》は何劫年にもわたって開くことはない。これらの罪をつくったものは、蕾に閉じこめられているあいだに三つの障りがある。一つには、仏およびもろもろの聖者たちを見ることができない。二つには、正法を聴聞できない。三つには、他の仏国土の仏・菩薩を供養できない。この三つの障りのほかには、さまざまな苦しみを受けないのである。『経』には、〃比丘が三禅*の楽にいるかのようである〃と説かれている。よく知るべきである。蓮の蕾に閉じこめられて、多劫年のあいだ開かれないとはいえ、阿鼻地獄のなかにあって無量劫年のあいだ苦痛を受けることよりは勝れているであろう。以上、抑止門の意味について解釈し終えた。〈以上〉

また『法事讃』には、つぎのように説かれている。

浄土においては永久に差別がなく、すべてのものが平等であって愁いや悩みがない。善悪すべての人間も天人も往生できる。浄土にいたれば、すべてのものが同じ相《すがた》に生まれ、同じ悟りを開いて迷いの世界に退転することはない。何ゆえにそうであるかといえば、阿弥陀仏が法蔵菩薩の身であったときに、王位を捨てて家を出、世自在王仏のみもとで修行された。そのときに慈悲と智慧の心を発して、ひろく四十八願を公開したもうたゆえである。仏の本願力でもって五逆や十悪の大罪を犯したものの罪も滅びて、往生できるのである。謗法のものも仏法に縁のないものも心をひるがえせば、すべて往生できるのである。〈抄出〉

五逆ということは淄州《ししゅう》の智周*によれば、二種類がある。

一つには、三乗*でいう五逆である。一つには、ことさら自分の意思でもって父を殺すこと。二つには、ことさら自分の意思でもって母を殺すこと。三つには、ことさら自分の意思でもって阿羅漢*を殺すこと。四つには、間違った見解を抱いて僧団の和合を破り分裂させること。五つには、悪心を抱いて仏身を傷つけ出血せしめることである。これらは恩に背き、仏法の福徳に違《たが》うゆえに、逆（大罪）と名づけるのである。これらの大罪を犯したものは、体が滅び、命を終えたあとで、必ず無間《むけん》地獄に堕ち、一大劫のあいだ絶えまない苦しみを受けるであろう。それゆえに、無間業と名づけられる。

また『倶舎論《くしゃ》』*のなかには五つの無間業と同類の行為が示されていて、その詩の部分ではつぎのように説かれている。

自分の母および、学問と修行を完成した女性の修行者（無学尼《むがくに》）を犯すもの。これは母を殺す罪と同類である。

仏となるための修行をしている（住定《じゅうじょう》）菩薩を殺すもの。これは父を殺す罪と同類である。

まだ学ぶべきことを残している（有学）僧や、いっさいを学び終えて悟りをひらいた（無学）の僧を殺すもの。これは阿羅漢を殺す罪と同類である。

僧団の和合を破るもの。これは僧団の秩序を破る罪と同類である。

仏塔を破壊するもの。これは仏身より血を出す罪と同類である。

二つには、大乗の五逆である。『*薩遮尼乾子経《さっしゃにけんしきょう》』に説かれているとおりである。一つには仏塔を破壊し経蔵を焼くこと、および仏法僧の三宝の財物を盗用すること。二つには三乗の教えをそしって仏の教えではないと主張して流布を妨げ、危害を加え、隠蔽してしまうこと。三つには一切の出家の人を、受戒者や無戒者や破戒者の区別なく打ちののしり、責めさいなみ、罪を言いたて、幽閉し、還俗せしめ、酷使し、命を奪うこと。四つには父を殺し、母を殺し、仏身より血を出し、僧団の秩序を破り、阿羅漢を殺すこと。五つには因果を誹謗して生死をくりかえすあいだに、つねに十種の悪業を行なうことである。〈以上〉

また『十輪経』にはつぎのように説かれている。一つには不善の心をおこして*独覚《どっかく》を殺すことであり、これは殺生ということである。二つには阿羅漢となった尼を犯すことであり、これは邪行ということである。三つには三宝に施されたものをみだりに費消することであり、これは不与取《ふよしゅ》（与えられないものを取ること）である。四つには間違った見解を抱いて僧団の和合を破ることであり、これは虚誑語《こおうご》（嘘いつわりの言葉）ということである。〈略出〉

顕浄土真実信文類三（浄土真実の信をあきらかにする文類）

顕浄土真実証文類四

けんじょうどしんじつしょうもんるい

顕浄土真実証文類四

愚禿釈親鸞が集める

第十一の必至滅度の願　難思議往生*

つつしんで浄土の真実の証をあらわせば、これはすなわち阿弥陀仏がすべての者に与えたもう完全な悟りである。無上の涅槃という究極の果報である。これは阿弥陀仏の第十一の「かならず悟りにいたらしめたもう願（必至滅度の願）」から生まれ出ている。これはまた、「大いなる悟りをひらかしめたもう願（証大涅槃の願）」と名づける。

煩悩の凡夫も迷いの衆生も、浄土に生まれるための信心と行とを獲得すれば、ただちに大乗の正定聚《しょうじょうじゅ》の数に入るのである。正定聚に住するがゆえに、必ず悟りがひらけるのである。必ず悟りがひらければ、これは永遠の安楽である。永遠の安楽とは、究極のしずけき悟り（寂滅）である。寂滅とは、無上の涅槃である。無上の涅槃とは、形なき真理の身（無為法身《ほっしん》）である。無為法身とは、存在の真実の相である。存在の真実の相とは、真理の本性（法性《ほっしょう》）である。法性とは、ありのままの姿（真如《しんにょ》）である。真如とは、唯一絶対の姿（一如）である。無上涅槃を悟られた阿弥陀仏は、唯一絶対の姿である一如より働き出して、*報身《ほうじん》・*応身《おうじん》・化身《けしん》などさまざまな相《すがた》をもって、衆生にふさわしく働きかけ教化したもうのである。

必至滅度の願文については、『大無量寿経』につぎのようにのたまわれている。

たとえ私が仏となることができるとしても、私がつくった国に住む人間や天人が、定聚の位に住み、必ず悟りを開くことがなければ、私は仏にならない。〈以上〉

『無量寿如来会』には、つぎのようにのたまわれている。

もし私が仏となるとしても、私がつくった国に住む生きものが、もしも必ず仏と成ることのできる菩薩の最高の位（等正覚）を得、大いなる悟りをひらくことがなければ、私

は仏にならない。〈以上〉

この願が成就したことを証明する文章としては、『大無量寿経』につぎのようにのたまわれている。

かの浄土に生まれる衆生は、ことごとくみな仏に成ることが定まっている位（正定聚）につく。理由はと言えば、かの浄土のなかには、自力で悟りをひらこうとした者（邪聚《じゃじゅ》）も、弥陀の本願によらない自力の念仏をとなえた者（不定聚）もいないゆえである。

また、つぎのようにものたまわれている。

かの仏国土は清浄安穏であって、快楽は細やかで妙えなるものである。無為涅槃の世界に近い。そこに住むもろもろの声聞も菩薩も、天人も人間も智慧は高く明らかであって、勝れた神通力を得ている。すべてのものが同一であって、かたちに異なるところはない。ただし他の世界になぞらえて、人間や天人という仮りの名称があるのみである。すべての者の顔容《かんばせ》は端正であって、世をこえて希有なる姿をしている。天人でもなければ人間でもない。すべての者が形のない、絶対自由の身となっている。

また『無量寿如来会』には、つぎのようにのたまわれている。

かの国の衆生と、これよりかの国に生まれる者とは、みなことごとく無上の悟りの境地をきわめ、涅槃のところにいたるであろう。何をもってのゆえかといえば、邪定聚お

よび不定聚は、かの浄土が建立された由来を、知りえぬゆえである。〈以上抄要〉

曇鸞大師の『浄土論註』には、つぎのように説かれている。

極楽浄土は、この国名を聞いただけで悟りがひらけるという、妙えなるみ名の功徳でもって荘厳されている。このことは、『浄土論』の偈に「浄土のみ名は微妙であって、全宇宙に聞こえ、聞く者をして深遠なる悟りを開かせる。それゆえに妙声功徳成就という」と歌われている。これがどうして不思議でないことがあろう。『平等覚経』には、「もし人があって、ただかの国土の清浄・安楽なるを聞いて、ひたすらそこに生まれようと願えば、その者も往生を得る。すなわち正定聚に入る」とのたまわれている。これはこの仏国土のみ名それ自体が、み仏のわざを為すということである。どうして私たちの思議の及ぶところでありえよう。

極楽浄土は、無上の悟りをひらきたもうた阿弥陀仏が主であるという功徳でもって荘厳されている。このことは『浄土論』の偈に「無上の覚りをひらきたもうた阿弥陀仏が、法王となって浄土をよく住持しておられる。それゆえに主功徳成就という」と歌われている。これがどうして不思議でないことがあろう。無上の悟りをひらきたもうた阿弥陀仏は、私たちの思議の及ぶものではない。浄土はそのような阿弥陀仏のすぐれた力によって住持されているのである。どうして私たちの思議の及ぶところでありえよう。住持の「住」とは変化せず滅びないことをいう。「持」とは散失しないことをいう。不朽薬(ものを腐らせぬ薬)を種子に塗れば、水中に入れてもくずれず、火中に投じても焦げることなく、因縁をうればただちに芽を出すようなものである。何をもってのゆえかといえば、不朽薬の力によるのである。人がひとたび安楽の浄土に生まれれば、そのあとで三界に生まれかわって衆生を教化しようと願い、浄土の命を捨てて、願にしたがって三界雑生《ぞうしょう》の火のなかに生まれたとしても、無上菩提の種子は決して朽ちない。何をもってのゆえかといえば、正覚をえられた阿弥陀仏がよく住持してくだされることによるのである。

極楽浄土は、あい等しい姿をした眷属(同族)のみが住むという功徳でもって荘厳されている。このことは、『浄土論』の偈に「如来のみもとの清らかな花のような衆は、正覚の花より化生*するのである。それゆえに眷属功徳成就という」と歌われている。これがどうして不思議でないことがあろう。およそこの穢土においては、生きものの生まれ方はさまざまであり、あるいは胎から、卵から、湿気から生まれ、またある者は化生する。それぞれの眷属はわずかであり、苦楽のさまは幾万に分かたれている。さまざまな業因でもって生まれでているゆえである。反対にかの安楽の国土の眷属は、すべて阿弥陀仏の正覚の、清らかな花より化生しないものはない。すべての者が同一に念仏して往生を得たのであり、他の道がなかったゆえである。広くとれば、四海のうちの念仏者がすべて兄弟となされている。それゆえに眷属は数かぎりない。どうして私たちの思議の及ぶところでありえよう。

また、つぎのようにも説かれている。

往生を願う者は、この世においては九種の品があるが、浄土におもむけば何ら異なるところがなくなる。これは*淄水《しすい》であれ澠水《じょうすい》であれ、海に入れば同一の味となるのに等しい。どうして私たちの思議の及ぶところでありえよう。

また、つぎのようにも説かれている。

極楽浄土は、清浄という功徳でもって荘厳されている。このことは『浄土論』の偈に「かの世界の相《すがた》を観ずれば、他の一切の世界を超えて勝《すぐ》れている。それゆえに清浄功徳成就という」と歌われている。これがどうして不思議でないことがあろう。凡夫なる人間の、煩悩に満ちみちている者がいても、かの浄土に生を享《う》ければ、ふたたび迷いの世界に堕ちるべき業因に、断じて引かれなくなる。これはすなわち、煩悩を断滅せずとも、涅槃のすべてを得られることである。どうして私たちの思議の及ぶところでありえよう。

〈以上抄要〉

道綽《どうしゃく》の『安楽集』には、つぎのように説かれている。

釈迦・弥陀二仏の神通力に相違のあるはずはない。ただし釈迦如来はご自分の能力をお述べにならず、ことさらに阿弥陀仏の勝れた力をあらわしたもうのである。それは一切衆生が、すべて阿弥陀仏に帰依しないことがないようにせしめようと思し召してのことである。それゆえに、釈迦は諸方で弥陀を讃嘆して帰依せしめておられるのである。すべからく、このみ心を知るべきである。それゆえに、曇鸞法師は正しく西方浄土に帰依して、『大無量寿経』に依って、『讃阿弥陀仏偈』を作りつぎのように奉讃しておられる。「安楽の浄土に住む声聞や菩薩や人間や天人の智慧は、あらゆる分野にゆきわたっている。荘厳や身の相《すがた》に区別はない。ただし、他の国土の風にしたがって名前だけが変えられているのである。顔容は端正であって、比較できるものがない。体は細やかに勝れていて人間でも天人でもなく、*虚無の身、無極の体である。私はそれゆえに弥陀の、すべてのものを等しき悟りにみちびきたもう平等力をあがめたてまつる」〈以上〉

光明寺の善導和尚の『観経疏』の「玄義分」には、つぎのように説かれている。

弥陀の「弘大な誓願」というのは、『大無量寿経』に説かれてあるとおりである。一切の善悪の凡夫が浄土に生まれることができるのは、すべて阿弥陀仏の大願の業力に乗るのであって、これを強い縁としないものはない。また、弥陀の秘められた心は弘く深いものであるゆえに、説かれた教えだけでは知られがたい。*三賢や十聖の位の菩薩でさえも、うかがい知られぬものである。ましてや、私は菩薩の最初の位である十信にさえも至っていない、羽毛のような存在である。どうして弥陀のみ心をおしはかることができようか。二仏を仰いでおもんみれば、釈尊はここより浄土へおもむくようおすすめになり、阿弥陀仏は浄土からこの世へ来迎してこられる。浄土からは阿弥陀仏がお喚びになり、この世では釈尊が浄土をすすめておられるのである。どうしてこの世を去らないでいられよう。ひたすらねんごろに法に仕え、臨終を機会としてこの穢れた身を捨て、ただちに浄土に往生し、悟りの永遠の安楽をわが身にひらくべきである。

また『観経疏』の「定善義」には、つぎのように説かれている。

西方の極楽浄土は、生滅を離れたしずけき悟りの都であり、有や無の執らわれをはるかに越えた世界である。その浄土に往生した衆生の心には、阿弥陀仏と同様の慈悲の心が起こり、いずれの場所でも遊ぶがごとく人びとを教化する。さまざまに身を変えて衆生を利益するのであるが、姿形が変わっていても、慈悲の心に差別はなく等しく救いたもう。あるいは神通力をあらわして教えを説き、あるいはさまざまな姿形をあらわして、しかもそれらのことごとくを滅した無余*の涅槃に入り、涅槃の真意を示される。思いのままに、さまざまな変幻の相をあらわされすべての衆生を救おうとされる。それゆえそのお姿を見る群生は罪がすべて除かれる。

また浄土を讃嘆して、つぎのようにうたわれている。

いざ去ろう
魔郷にとどまるべきではない
私は曠劫よりこのかた
六道を流転してあらゆる苦楽をなめつくした

いずこにも安楽はなく
ただ愁嘆の声を聞いてきた
今この一生を終えたあとで
かの涅槃の都に入ってゆこう　〈以上〉

浄土の真宗の教えと行と信と証とについて思いをめぐらせば、すべては如来の大悲が私たちに廻向してくだされている利益である。それゆえに、原因であれ結果であれ、一つとして阿弥陀仏の清浄なる誓願のみ心を、私たちに廻向して成就したものでないものはない。原因が清浄であるゆえに、結果もまた清浄であると知るべきである。

第二にこの世で弥陀の教えを説くこと（還相廻向）は、すべての者を救うことができる（利他教化地）働きである。これは第二十二の「かならず最高位の菩薩に成らしめたもう願（必至補処《ふしょ》の願）」より出ている。これは「この一生を終えれば必ず仏と成ることができる最高位の菩薩であらしめたもう願（一生補処の願）」とも名づけられ、また「浄土より現世に還らしめ人びとを教化せしめたもう願（還相廻向の願）」とも名づけるべきものである。その意味は『浄土論註』に詳しくあらわされているゆえに、願*の本文を示さない。『浄土論註』を開かれたい。

天親菩薩の『浄土論』には、つぎのように説かれている。

「出《しゅつ》第五門」というのは、大慈悲心を抱いて苦悩する一切の衆生を観察し、衆生済度のために応身や化身など、さまざまに相《すがた》をかえてこの世におもむくことである。生死の園、煩悩の林の中に廻入《えにゅう》し、神通力を発揮して遊ぶがごとく人びとを教化する境地にいたるのである。これは弥陀の本願力の廻向をもってなされるゆえに、「出第五門」と名づける。〈以上〉

曇鸞大師の『浄土論註』には、つぎのように説かれている。

「還相」とは、かの浄土に生まれ終わって、心を静寂に保ちすべてを正しく観想し、衆生を教化するための種々の手だてをわが身に成就し、ふたたび生死の密林に帰り入って一切の衆生を教化し、ともに仏道に向わしめることである。浄土へ往生する往相も、この世への還相も、すべてが衆生を生死の海より抜きはなって済度しようがための行為である。それゆえに、『浄土論』に「衆生にたいする廻向を第一として大慈悲心を完成したもうたゆえに」と説かれているのである。

また、つぎのようにも説かれている。

『浄土論』に、「浄土に生まれてかの仏に会えば、*未証浄心《みしょうじょうしん》の菩薩も必ず平等の法身《ほっしん》を得証《とくしょう》する。浄心の菩薩も*上地《じょうじ》のもろもろの菩薩も、必ず同一の寂滅平等を得るゆえである」と説かれている。「平等法身」とは、八地より上の生死を超えた身体をもった菩薩である。その平等法身の菩薩が悟るのが寂滅平等の法である。この寂滅平等の法を得るゆえに、その菩薩を「平等法身」と名づける。平等法身の菩薩が得られるものであるゆえに、「寂滅平等の法」とするのである。

この菩薩は*報生三昧《ほうしょうさんまい》を得るのである。この三昧によって得られる神通力でもって、同じ処にとどまりながら、一瞬のうちに同時に全宇宙に相《すがた》をあらわして、さまざまに一切の諸仏や、諸仏のもとに集まる無数の大衆を供養するのである。仏も法も僧もおわしまさぬ無数の世界にさまざまに相《すがた》をあらわし、さまざまに一切衆生を教化し度脱して、つねに仏と同じ働きを行なうのである。ところで、平等法身を得た菩薩には、別の国土へ行ったという思いも、一切諸仏を供養したという思いも、一切衆生を度脱したという思いもない。それゆえに、この法身を名づけて「平等法身」とする。この法を名づけて、「寂滅平等の法」とするのである。

いっぽう「未証浄心の菩薩」とは、初地以上、七地以下のもろもろの菩薩のことである。この菩薩もまた、よく応化の身をあらわして、あるいは百、あるいは千、あるいは万、あるいは億、あるいは百千万億の仏のいない国土に出現して仏事を行なう。この菩薩はしかし、心をはたらかせて三昧に入っている。無心の状態ではない。心をはたらかせているゆえに、「未証浄心」と名づけるのである。この菩薩は安楽浄土に生まれて阿弥陀仏に会おうと願う。阿弥陀仏に会えば、上位のもろもろの菩薩と必ず身も等しくなり法も等しくなる。龍樹菩薩や婆藪槃頭《ばそはんず》（天親）菩薩などの方がたが、かの浄土に生まれようと願われたのは、まさにこのためであるにちがいない。

問う。『*十地経《じゅうじ》』によれば、菩薩の仏道の進歩や位の上昇のためには、はかり知れないほどの功徳や功績を修めなければならないとされている。そのためには、何劫という長年月を必要とすると説かれている。しかし今の教えによれば、ただちに平等法身を得られると言われる。何ゆえに阿弥陀仏を見たてまつれば、必ず上地のもろもろの菩薩と身も等しく、法も等しくなるのであろう。

答う。必ずというのは、ただちに等しくなるということではない。必ず等しくなることが間違いがないゆえに、等しいというのみである。

問う。もし、ただちに等しくなるのでなければ、どうして上地の菩薩と等しいとことさら言う必要があるのか。菩薩の初地の位に昇れば、そこから漸次、上の位に昇って、自然に仏と等しい位に昇ってゆくであろう。どうして、ことさら上地の菩薩と等しいというのであろう。

答う。菩薩は七地の境地に入って大寂滅を得ることができれば、その悟りに安住して、もはや上に諸仏の境地を求めることも、下に済度するべき衆生も見なくなる。すべての衆生を済度するという真実の仏道を捨てて、涅槃を証しそこに安住してしまおうとするのである。そのときに、もし全宇宙の諸仏の神通力によるすすめを得なければ、菩薩は自分だけの悟りに安住してしまい、声聞・縁覚の二乗と異なるところがなくなる。しかし、菩薩が安楽の浄土に往生して阿弥陀仏を見たてまつれば、即座にこの難を免れるのである。それゆえに、畢竟《ひっきょう》平等（必ず平等法身の菩薩になる）と言うのである。

また、つぎに『無量寿経』のなかで、阿弥陀仏の本願（第二十二願）に、つぎのように説かれている。

「もし私が仏となることができれば、他方の仏国土に住む菩薩たちが、私が造った国に来生すれば、仏道を究めさせてかならず一生補処《いっしょうふしょ》にいたらしめる。ただし菩薩たちが、みずから衆生を教化しようとする本願をいだいて、弘大なる誓いの鎧《よろい》を着て徳の本《もと》を積み、一切を度脱したあとで諸仏の国を遊行し、菩薩の行を修めて、全宇宙の諸仏如来を供養し、恒河沙《ごうがしゃ》にひとしい無数の衆生を開化して、無上正真の道を立たしめようとするものたちは除く。一生補処の菩薩たちは通常の菩薩たちを超え出、菩薩の初地から十地までのさまざまな境位を即座に実現してしまい、最高の働きである普賢菩薩と同様の利他行を習い修めることであろう。もしこの願いが実現しなければ、私は仏にならない」

この『無量寿経』について考え、浄土に住む菩薩の修行を推察すると、菩薩たちは十地の段階を一つずつ上昇してゆくのではないと思われる。十地の段階というのは、釈迦如来がこの娑婆世界において示された、私たちに判るように説かれた一つの説にすぎないと思われる。他方の浄土においては、必ずしも釈迦の説の通りとは限らないはずである。経典に五種*の不思議が説かれるが、その中でも仏法は最も不可思議である。もしも菩薩が必ず一地より一地へといたり、超越の道理がないというのであれば、それは仏法の不可思議性を明らかに知らないのである。たとえば好堅《こうけん》という名の樹がある。この樹が芽生えて百年になると、一日に百丈ずつ伸びるようなものである。毎日がそのようである。百年後の高さを思いはかれば、どのように丈の高い松でも比べることができない。松の成長するさまを見ると、一日に一寸をこえることがない。この好堅樹の成長のさまを聞いて、どうして同じ一日のことかと疑わないでいられよう。釈迦如来がある人に、阿羅漢の悟りをただ一度の聴聞において実現させたり、あるいは無生の悟りを朝食の前に開かせたとのたまわれたのを聞くと、人はたいてい、これは衆生を仏法に誘うためのみ言葉であって、真実の教えではないと思ってしまう。この種の人は、教えを聞いて信じることがないのである。尋常でない言葉は常人の耳に入らず、そのようなことはありえないと思ってしまう。それはそれで仕方のないことではあるが。

『浄土論』に、「以上概略八句*を説いたが、これは阿弥陀仏が自利・利他の功徳の荘厳を、次第に成就したもうたさまを示現したもうたのであると知るべきである」とある。これらの荘厳はどのような順序であるかといえば、前項の十七句*は、荘厳な浄土を造りたもうた功徳の成就を説いている。それによって浄土の相がわかる。それゆえに、ついで国土の主がどのようなお方であるかを知らなければならない。それゆえに、つぎに仏の荘厳の功徳を観察するのである。この仏が荘厳して、どこにお坐りになるのか。それゆえに、まず座を観察しなければならない。座を知ったあとで、その座にお坐りになる主《あるじ》を知るべきである。それゆえに、つぎに仏がお体をどのように荘厳したもうかを観察するのである。お体を知ったあとで、どのようなお声であるか、み名は何であるかを知るべきである。それゆえに、つぎに仏が口の業《わざ》をどのように荘厳したもうのかを観察するのである。口の業を知ったあとで、どうしてこのように仏のみ名が十方に広まっているかの原因を知らなければならない。それゆえに、つぎに仏が心の業をどのように荘厳したもうたかを観察するのである。このようにして仏が体・口・心の三業を具足したもうたことを知ったあとで、人間や天人の大いなる指導者となられたとき、その教化を受けるにふさわしい人はだれであるかを知るべきである。それゆえに、つぎにみ仏の教えを学ぶ大衆の功徳を観察するのである。大衆にはかり知られぬ功徳が具わっていることを知ったあとで、彼らの上首はだれであるかを知るべきである。それゆえに、つぎに上首を観察するのである。上首とは阿弥陀仏である。*しかし仏を長とし大衆を幼とするだけであれば、長幼の敬いの心しか起こさない恐れがある。それゆえに、つぎに主を観察するのである。主を知ったあとで、このお方にはどのような勝れた徳があるかを知るべきである。それゆえに、つぎに*「荘厳不虚作住持《ふこさじゅうじ》」を観察するのである。八句の順序はこのように成立している。

　菩薩を観察することについては『浄土論』に、「どのようにして菩薩の荘厳功徳が成就しているさまを観察するのであろう。菩薩の荘厳功徳が成就しているさまを観察するのであれば、〃かの菩薩を観れば四種の正しい修行によって得られた功徳が成就したもうていることがある〃と知るべきである」とある。菩薩の正しい修行の根本にある真如《しんにょ》は、まさに一切の存在の正体である。真如に順って行なう修行は普通の行為ではなく、行為なき行為であるゆえに不行である。不行ではあるが、実際に働きと結果があるゆえに行である。このような修行を如実修行と名づける。菩薩の如実修行の体は唯一の真如であって、今はその意味を分けて四つとされているのである。それゆえに、四種の正しい修行と言っても、ただ一つの真如がその根拠となっている。そこで四つをまとめて如《にょ》実《じつ》修行と言うのである。『浄土論』に、「何をもって四種とするかといえば、一つには、体は一仏国土にあってなんら動かしていないのに、全宇宙にあまねく姿をあらわしていることである。さまざまに応身・化身の身をあらわして、真実にふさわしく修行し、つねに仏事を行なうのである。『偈』に、

　安楽の浄土は清浄であって
　つねに無垢の法輪が転じられている
　化仏菩薩たちは
　*須弥山《しゅみせん》のごとく動くことなく、太陽のごとくくまなく働きをあらわす

とのたまわれている。もろもろの衆生の煩悩の泥中に、清浄なる蓮の花を開くゆえであ

る」とのたまわれている。八地より上の境位に達した菩薩はつねに三昧にあって、三昧力でもって体をもとの場所から動かすことなく、よくあまねく全宇宙にいたって諸仏を供養し、衆生を教化するのである。「無垢の法輪(教えの輪)」とは、仏の境地で得られる功徳である。仏の境地の功徳には、煩悩による習慣も煩悩の垢も存在していない。仏はもろもろの菩薩のために、つねにこの無垢の法輪を転じ、法を説いておられる。もろもろの大菩薩もこの法輪をよく用いて、いささかも休息することなく一切衆生を開き導く。それゆえに、「常に法輪を転ずる(常転《じょうてん》)」と言うのである。法身は太陽のようであって、応身・化身の光がもろもろの世界にあまねくゆきわたるのである。「太陽」と言っただけでは、いまだその不動性を明らかにするのに十分ではない。それゆえに、「須弥山のごとく動くことなく、太陽のごとくくまなく働く」と説明を加えるのである。「泥中の蓮」というのは『維摩経《ゆいま》』*に、「高原の陸地には蓮華は生じない。湿った泥中にこそ蓮華は生じる」と説かれている。これは凡夫が煩悩の泥の中にあって、菩薩のために開き導かれて、よく仏の正覚の華《はな》を生じることに譬えているのである。まことに、つねに仏法僧の三宝を興隆せしめて、つねに絶えないようにしておられるのである。

また『浄土論』に、「第二の正しい修行として、菩薩たちが示現する応身や化身は、何時いかなるときにも前後ということがなく、一心一念において大光明を放ち、あまね

く全宇宙にことごとくいたって衆生を教化する。さまざまな方便を用い、修行を修めて一切衆生の苦を滅除するゆえに、『偈』に、

無垢荘厳の光は
一念において同時に
あまねく諸仏の集会を照らして
もろもろの群生を利益するゆえに

とのたまわれている」とある。さきには「不動であって、しかも全宇宙にいたる」とのたまわれている。この「いたる」だけでは、いろいろな所に到着するゆえに、到るのには前後があると考える者もいるであろう。それをいましめて、重ねて「一念において同時に前もなく後もなく」と言われるのである。

『浄土論』に、「第三の正しい修行として、菩薩たちは一切の世界において、あますことなく、もろもろの仏の集会を照らす。集まる大衆は無数であるが、一人残らず諸仏・如来の功徳を供養し、恭敬し、讃嘆する。『偈』に、

天上の音楽や花の衣や妙えなる香りを雨のようにふらせて
諸仏の功徳を供養し
いささかも分別する心がなくて

無心に賞めたたえるがゆえに

とのたまわれている」とある。「あますことなく」というのは、あまねく一切世界の一切諸仏の大集会にいたって、一つの世界、一つの仏の集会であろうと、到らないことはないことを明らかにしているのである。*僧肇《そうじょう》法師が、「法身にはかたちがなく、しかもさまざまなかたちをとる。同時に、法を説かれる声は微妙きわまりなく音律にかなっていて、言葉では説けない深奥の教えをもよく説き広め、仏や菩薩の推し量ることのできない衆生済度のはかりごとは、眼に見えぬものでありながら、あらゆる事態に適合する」と仰せられているのは、けだしこの意味である。

『浄土論』に、「第四の正しい修行として、菩薩たちは全宇宙の一切の世界の仏法僧の三宝がおわしまさぬところにおいて、三宝の功徳の大海を荘厳して実現し、あまねく衆生に示して真実にかなった修行を悟らせる。『偈』に、

どのような世界に三宝の功徳がないというのであろう
もし三宝のない世界があるならば
私（十地の菩薩）はその世界に生まれ変わって仏法を説き
仏のいますがごとくにしよう

とのたまわれているがゆえである」とある。さきの三種の修行の説明のなかで、「菩薩

はあまねくいたる」と言われているとはいえ、これはすべて、仏がおわします国土を指している。もしこの四番目の句がなければ、法身の法がゆきわたらないところがありうることになるであろう。仏・菩薩の勝れた善が、善として現われ出ない世界がありうることになるであろう。以上でもって、『浄土論註』巻の下「解義文」第三「観行体相」の章を終える。

以下は、『浄土論註』「解義文」の第四章である。「浄入願心《じょうにゅうがんしん》」と名づける。

「浄入願心」については『浄土論』に、「またさきに、観察荘厳仏土功徳成就《かんさつしょうごんぶつどくどくじょうじゅ》(仏土を荘厳する功徳が成就したことの観察)・荘厳仏功徳成就(仏を荘厳する功徳が成就したことの観察)・荘厳菩薩功徳成就(菩薩を荘厳する功徳が成就したことの観察)を説いた。この三種の成就は、阿弥陀仏の誓願の願心(み心)が荘厳したもうたものであると知るべきである」と言われている。「知るべきである」というのは、この三種の荘厳の成就は、もともと法蔵菩薩四十八願などの清浄なる願心が荘厳したところのものである。この原因が清浄であるゆえに、結果として成就した極楽浄土も、阿弥陀仏も、そこに住む菩薩たちも清浄である。原因なくして成就されたものではなく、法蔵菩薩の清浄心以外の原因があるのでもないと知るべきである、ということである。

『浄土論』に、「略して真如の法(一法句)におさまることを説くゆえに」とのたまわれている。さきに示した国土の荘厳十七句と、如来の荘厳八句と、菩薩の荘厳四句とを「広」とする。入一法句を「略」とする。何ゆえに広が略におさまることを説かれるのかといえば、もろもろの仏・菩薩には二種類の法身《ほっしん》がある。一つには法性《ほっしょう》法身、二つには方便法身である。無形の法性法身から、さまざまな相《すがた》をもった方便法身が生まれ出るのである。また方便法身によって、無形の法性法身の存在が明らかに知られるのである。この二つの法身は、異なっているがしかし分離できないものである。一つのものではあるが、しかし決して同一ではない。それゆえに、広略相入（さまざまな方便法身「広」と唯一の法性法身「略」とがお互いに入りあう）して、両者を法の名でまとめるのである。菩薩がもし広略相入を知らなければ、自利・利他の行を行なうことができない。

ところで『浄土論』に、「一法句（真如法性）は清浄であると言われる。清浄句は真実の智慧であり、無為法身であるゆえに」とのたまわれている。この三つの言葉は同一のものの異なった表現であって、それぞれが他の二つの意味を含めているのである。どういう意味によって「法」と名づけるかといえば、清浄であるがゆえである。どういう清浄と名づけるかといえば、真実の智慧であり無為法身であるがゆえである。真実の智慧とは存在の実相を洞察する智慧である。実相は無相である（存在の実相は相《すがた》かたちをもたない）。それゆえに、真実の智慧とは無知である（知られるべき相《すがた》かたちがない）。無為法身は法性身である。法性とは寂滅であるゆえに、法身は無相（相《すがた》かたちがない）である。無相であるゆえに、どのような相《すがた》かたちもとることができるのである。それゆえに、荘厳された阿弥陀仏の相好もそのまま法身である。真実の智慧は無知であるがゆえに、何ごとも知らないということはない。それゆえに、あらゆる相かたちについての智慧もそのまま真実の智慧である。智慧という言葉に真実をつけ加えるのは、智慧とは知ろうと意識して得た智慧ではなく、意識を離れて得る智慧でもないことを明らかにしているのである。無為ということを法身につけ加えるのは、法身は色《しき》（かたちあるもの）ではなく、非色（かたちのないもの）でもないことを明らかにしているのである。非色・非非色であるならば、非という否定ではないゆえに、是であって真なるものであることになるのか。そうではない。是であって真なるものは、否定を尽したところにあるのではなく、否定の全くないものである。しかし、否定のないものでも、みずから是にとどまって否定されないものは、やはり是ではない。真なるものは、肯定によっても否定によっても表わすことができない。百回否定してもやはり同じことである。それゆえに、「清浄句」と言うのである。「清浄句」というのは真実の智慧、無為法身を言うのである。

『浄土論』に、「この清浄に二種類あることを知るべきである」と言われている。さきの転入句（互いに他をおさめている言葉）のなかでは、一法句を通じて清浄に入り、清浄句に通じて法身に入っている。ところで、今はこの清浄を二種類に分けるゆえに、あえて「知るべきである」と説かれているのである。『浄土論』に、「何をもって二種類とするかといえば、一つには器《き》世間清浄、二つには衆生世間清浄である。器世間清浄とは、さきに説いた十七種類の荘厳仏土功徳成就であり、これを器世間清浄と名づける。衆生世間清浄というのは、さきに説いた八種類の荘厳仏功徳成就と四種類の荘厳菩薩功徳成就で、これを衆生世間清浄と名づけるのである。このように一法句に二種類の清浄の意味が含まれていると知るべきである」とのたまわれている。衆生とは別報《べつぼう》の体《たい》（それぞれが独自に生きているもの）である。国土とは、共報《ぐほう》の用《ゆう》（それぞれに独自な衆生が共に用いている場所）である。体と用とは同じものではない。それゆえに、二種の清浄は分かたれると知るべきである。ところで、衆生も国土もみ仏の悟りの境地にあっては、共に清浄なる滅度に至っている。この境地においては、衆生と国土は異なっていて同一とはしがたいが、異なったものに分けることもできない。同じ清浄である。国土のように、衆生を住まわせる器は用いるものである。かの浄土は、かの清浄の仏・菩薩が用いるものであるゆえに、「器」と名づける。清浄な食物を入れるのに不浄な器を用いれば、器が不浄であるゆえに食物もまた不浄である。不浄の食物に清浄な器を用いれば、食物が不浄であるゆえに器もまた不浄となるようなものである。両者が清潔であって、はじめて浄と言うことができる。それゆえに、清浄という一つの言葉が、必ず二種類の内容を含めていなければならない。

問う。清浄なる衆生というのは仏と菩薩である。この国のさまざまな人間や天人も、この清浄の数に入ることができるのであろうか。

答う。清浄と名づけることができるが、真実の清浄ではない。たとえば、出家した聖者は煩悩という賊を殺すゆえに、比丘と名づけるのである。しかし凡夫でも出家したものを、同様に比丘と名づけるようなものである。また転輪王の王子は生まれたときから*三十二相を具えて、王にふさわしい七種類の宝を所有している。まだ転輪王のつとめを果たすことができないとはいえ、この王子をも転輪王と名づけるようなものである。これは、必ず転輪王になるはずの方であるゆえである。かの国に生まれたもろもろの人間や天人も、これと同様である。すべてが大乗仏教にもとづく正定聚の数に入って、必ずや清浄法身を得ることができる。まさしく得ることができるゆえに、清浄と名づけることができるのである。

『浄土論註』の「解義文」第五章を「善巧摂化《ぜんぎょうせつけ》（相手に応じてよく巧みに受け入れて教化する）」と名づけることについては、『浄土論』に、「このような菩薩は奢摩他《しゃまた》（精神統一）や毗《び》婆舎那《ばしゃな》（浄土の荘厳を観想すること）によって、さきに述べた広略の修行を成就し、柔輭心《にゅうなんしん》

(安らかにやわらいだ心) に住んでいる」 とのたまわれている。「柔輭心」というのは、広略についての止観(精神の統一と対象の観察) をふさわしく行ない、修行をつづけて不二《ふに》の心(一切のものが滅度において平等であることを悟っている心) を成就していることである。たとえば水が影を映すにあたっては、清らかさと静けさの二要素が、助けあって成就しているようなものである。『浄土論』に、「真実にふさわしく広略のもろもろのあり方を知る」とのたまわれている。「真実にふさわしく知る」というのは、存在の実相のようにして知ることである。広のなかの二十九句も、略のなかの一法句も、存在の実相でないことはないのである。

『浄土論』に、「このように功方便廻向《ぎょうほうべん》(巧みな済度の方便を衆生に廻向する) を成就したもうた」とのたまわれている。「このように」というのは、さきに順を追って述べた広も略も、すべてが実相のようであるという意味である。実相を知ったゆえに、三界に住む衆生の虚妄の相を知るのである。衆生の虚妄を知れば、真実の慈悲が生じるのである。真実の法身を知れば、真実の法身に帰依しようという心が生じるのである。この慈悲と帰依と巧みな方便については、以下に説く。

『浄土論』に、「菩薩が巧方便廻向するとはどういうことであるか。巧方便廻向とは、礼拝などの五種の修行が説かれているが、菩薩がこれらの修行によって得ることができた一切の功徳や善根は、自分自身の安楽を求めるためのものではない。一切衆生の苦しみを抜きさろうと思ったゆえに、願を立てて一切衆生を収めとって、ともに平等にかの安楽の仏国に生まれさせようとしているのである。これを菩薩の巧方便廻向の成就と名づける」とのたまわれている。釈尊が王舎城においてお説きになった『無量寿経』について思いをめぐらせば、浄土に生まれる上・中・下の三種類のものの修行に優劣があっても、すべて無上の菩提心を発《おこ》していないものはない。この無上の菩提心が、すなわち浄土へ往生して仏と成ろうとする心（願作仏心）である。願作仏心はそのまま、すべての人びとを救おうとする心（度衆生心）である。度衆生心とは衆生を自分とともに、仏がおわします浄土に生まれさせようとする心であるゆえである。それゆえに、阿弥陀仏の安楽浄土に生まれようと願うものは、必ずこのような無上の菩提心を起こすのである。もし人が無上の菩提心を起こさないで、ただかの浄土で受ける楽にたえまがないことを聞いて、楽を得るために浄土に生まれようと願うとしよう。そのものは往生できない。

それゆえに『浄土論』には、「自分が阿弥陀仏によって得られる楽のためではなく、一切衆生の苦を抜こうと思うがゆえに」と説かれているのである。「阿弥陀仏が与えたもう楽（住持楽）」というのは、かの安楽の浄土は阿弥陀仏の本願力によって造られていて、そのために受ける楽にたえまがないということである。およそ廻向という言葉の意味を解釈すれば、阿弥陀仏が、ご自身が集められた一切の功徳をもって一切の衆生に施しあたえたまい、ともに仏道に向わしめたもうということである。

「巧方便《ぎょうほうべん》」というのは、菩薩が「自分の智慧の火でもって一切衆生の煩悩の草木を焼こう。もし、ただ一人の衆生として成仏しないものがあれば、私は仏にならない」と願をかけられたということである。ところが、衆生がまだことごとく成仏していないのに、菩薩がすでにみずから成仏されたというのは、たとえば火箸でもって一切の草木を摘みとって焼きつくそうとしたのに、草木がいまだ尽きないうちに火箸の方が燃えつきたようなものである。おのれの成仏を衆生済度のあとのこととしつつも、菩薩の行が満足して先んじて仏となられたのである。このようなことを「方便」と名づけるのである。ここで「方便」と言われるのは、願を立てて一切衆生を収めとり、ともに平等にかの安楽仏国に生まれさせるということである。かの仏国は必ずや成仏する道路であり、それゆえに浄土に往生せしめることが、無上の方便である。

「解義文」の第六章を「障菩提門《しょうぼだい》」と名づけることについては、『浄土論』に、「菩薩はこのように、よく廻向が成就したもうたことを知れば、そくざに三種の菩提門に相違する法を遠く離れる。何を三種とするかといえば、一つには、智慧門によって、おのれの楽しみを求めず、おのれの心がおのれの身に執着することを遠離するがゆえである」

とのたまわれている。仏道を進むことを知り、後退しないように努めることを「智」といい、存在の本性が空・無我であることを知るのを「慧」という。智によるゆえに、おのれの楽しみを求めず、慧によるゆえに、我心《がしん》自身（おのれの心がおのれの身に執着する）を遠離するのである。「二つには、菩薩は慈悲門によっている。一切衆生の苦を抜きさり、衆生を安らげない心を遠離しているゆえである」とのたまわれている。苦を抜くことを「慈」といい、楽を与えることを「悲」という。慈によるゆえに、一切衆生の苦を抜き、悲によるゆえに、衆生を安らげない心を遠離するのである。「三つには、菩薩は方便門によっている。一切衆生を憐愍したもう心である。自身を供養し、恭敬《くぎょう》する心を遠離するゆえである」とのたまわれている。正直を「方」といい、おのれを外にすることを「便」という。正直によるゆえに、一切衆生を憐愍する心を生じ、おのれを外にするゆえに、自身を供養し恭敬する心を遠離するのである。これを「三種の菩提門に相違する法を遠離する」と名づける。

「解義文」の第七章を「順《じゅん》菩提門」と名づけることについては、『浄土論』に、「菩薩はこのような三種の菩提門に相違する法を遠離して、三種の随順《ずいじゅん》菩提門（菩提にしたがう法門）の教えを充実することができたもうゆえである。何を三種とするかといえば、一つには無染清浄心《むぜんしょうじょうしん》（煩悩に染まらぬ清浄な心）である。わが身のために、もろもろの楽を求めないゆえである」とのたまわれている。「菩提」とは無染清浄の境位である。もしわが身のために楽を求めれば、菩提に違《たが》うであろう。それゆえに、無染清浄心は菩提門に順《したが》っているのである。「二つには、安《あん》清浄心（安らかで清浄な心）である。菩薩は一切衆生の苦を抜くゆえである」とのたまわれている。「菩提」とは一切衆生を安穏する清浄の境位である。それゆえに、もし一切衆生を生死の苦から抜きさろうと志さなければ、菩提に違《たが》うであろう。それゆえに、一切衆生の苦を抜くことは菩提門に順うのである。「三つには、楽《らく》清浄心（楽しみ多く清浄な心）である。この心は一切衆生に大いなる菩提を得さしめるゆえである。衆生を収めとってかの浄土に生まれさせるゆえである」とのたまわれている。「菩提」とは畢竟常楽《ひっきょうじょうらく》（究極の永遠の安楽）の境位である。もし一切衆生に畢竟常楽を得さしめなければ、菩提に違《たが》うであろう。この畢竟常楽は何によって得られるかといえば、大乗門によっている。「大乗門」というのは、かの安楽の極楽浄土がそれであると言われる。それゆえに、重ねて「菩薩は衆生を収めとって、かの浄土に生まれしめるゆえに」とのたまわれるのである。「これを三種の随順菩提門の教えを実現したと名づける、と知るべきである」とのたまわれている。

「解義文」第八章を「名義摂対《みょうぎせったい》」と名づけることについては、『浄土論』に、「さきに智慧と慈悲と方便の三種の門は、般若《はんにゃ》をみずからのうちに含んでおり、般若は方便を含んでいると説いた。このことを知るべきである」とのたまわれている。「般若」とは真如に達する慧の名である。「方便」とは権《ごん》（空・無我なる真如の世界に対立する仮りの相である現世のような世界。権とは仮りの意味）に通じる智のことである。如に達すれば、その者の心やそのはたらきは寂滅している。権に通じれば、これは救うべき衆生のそれぞれを、つぶさに知る智である。智は救うべき衆生に相応しながら、それに執らわれず無知である。寂滅の慧もまた無知であって、しかも一切を知っている。それゆえに、智慧と方便とは結びあってともに動き、結びあってともに静まっているのである。動いていてしかも静けさを失なわないのは、智慧の功である。静寂を保ちつつしかも動きをやめないのは、方便の力である。それゆえに、智慧と慈悲と方便とは般若を含む。般若は方便を含んでいるのである。「このことを知るべきである」というのは、智慧と方便とは菩薩の父母であるという意味である。智慧と方便によらなければ、菩薩の行が成就しないことを知るべきである。なんとなれば、もし智慧がなくて衆生のためにつくそうとすれば、迷妄におちいるゆえである。もし方便がなくて法性を観察すれば、声聞・縁覚の悟りと同様に、自分だけの悟りに安住してしまうゆえである。それゆえに、「よく知るべきである」と説かれているのである。

『浄土論』に、「さきに遠離《おんり》我《が》心貪着自身《しんとんじゃくじしん》（おのれの心がおのれの身に執着することを遠離する）・

遠離無安衆生心《むあんしゅじょうしん》（衆生を安らげない心を遠離する）・遠離供養《くよう》恭敬自《くぎょうじ》身心《しんしん》（自身を供養し恭敬する心を遠離する）を説いた。この三種の法は、菩提を妨げる心を遠離することである。よく知るべきである」とのたまわれている。どのような存在にも、それぞれに他者を障害する性質がある。風はよく静を障《さえぎ》り、土はよく水を障り、湿気はよく火を障るのである。五逆・十悪は人間界や天上界への再生を障る。四種の邪見は声聞の悟りを障るようなものである。右の三種の障菩提門は菩提を障る心を遠離していない。「よく知るべきである」というのは、もし障られまいと思えば、まさにこの三種の障害の心を遠離すべきであるということである。

『浄土論』に、「さきに無染清浄心・安清浄心・楽清浄心を説いた。この三種の清浄心は、一つにまとめると妙楽勝真心《みょうらくしょうしんしん》（浄土の真実の楽しみを求める心）となる。よく知るべきである」とのたまわれている。楽には三種類がある。一つには外楽であって、通常の感覚の楽しみをいう。二つには内楽であって、*初禅・二禅・三禅を行なうさいの意識に生じる楽をいう。三つには法楽楽《がくらく》であって、智慧から生じるところの楽をいう。この智慧によって生じる楽は、仏の功徳を愛することより起こる。さきに説かれた遠離我心と遠離無安衆生心と遠離自供養心と、この三種の心が清浄に増進して、三種の清浄心と一体となり「妙楽勝真心」となってゆくのである。この妙という言葉は、好《よ》いという意味である。智慧によって生じる楽は仏を縁として生じるゆえに、好いというのである。勝という言葉は、迷いの世界である三界の楽に勝れているという意味である。真という言葉は虚偽ではなく、迷妄におちいっていないという意味である。

「解義文」第九章を「願《がん》事成就《じじょうじゅ》」と名づけることについては、『浄土論』に、「このような菩薩は智慧心・方便心・無障心・勝真心でもって、よく清浄の仏国土に衆生を往生せしめたもうのであると知るべきである」とのたまわれている。「知るべきである」というのは、この四種の心の清浄の功徳が、よくかの清浄の仏国土に生まれさせることができるのであって、それ以外の縁によっては生まれることができないと知るべきである、ということである。

『浄土論』に、「これを、菩薩が定められた五種の法門にしたがい、修行を心にしたがって行ない、自在に成就したもうたと名づける。さきに説いた身業・口業・意業・智業・方便智業のすべてが、五種の法門にしたがったゆえである」とのたまわれている。「意のままに自在に」という意味は、この五種の功徳の力がよく清浄の仏国土に生まれしめて、しかもこの世や他の国土との往来が自在であることを言うのである。五種の法門のうち「身業」というのは礼拝である。「口業」というのは讃嘆（み仏の名をとなえて賞めたたえる）である。「意業」というのは作願（往生浄土を願う）である。「智業」というのは浄土の観察である。「方便智業」というのは廻向である。この五種の行ないが一つに和合している。「すなわち往生浄土の法門にしたがって、自由自在なる働きの一切を成就したもうた」とのたまわれているのである。

「解義文」第十章を「利行満足《りぎょうまんぞく》」と名づけることについては、『浄土論』に、「また別に五種の法門があって、菩薩はつぎの五種の功徳をも順を追って成就したもうたと知るべきである。何を五門というかといえば、一つには近《ごん》門、二つには大会衆《だいえしゅ》門、三つには宅門、四つには屋《おく》門、五つには薗林遊戯《おんりんゆげじ》地門である」とのたまわれている。この五種は、浄土へ入る四つの門と、浄土からこの世や他の国土へ衆生救済のために出てゆく一つの門の相を、順を追って示している。入ってゆく門の相のうちの、最初に浄土にいたるのが近相である。念仏によって大乗の正定聚の数に入るのは、阿耨多羅三藐三菩提に近づくことである。浄土に入り終えれば、ただちに如来の説法を聞く大会衆の数に入るのである。大会衆の数に入り終えれば、まさしく仏道修行して安心の得られる宅（宅門あるいは宅相）にいたるであろう。家に入り終えれば、まさしく修行が行なわれる屋内にいたるであろう。修行を成就し終えれば、まさしく教化地《きょうけじ》（いまだ救われていない衆生を教化しようとする境位）にいたるであろう。教化地とは菩薩がみずから楽しむ境地である。それゆえに出門を「薗林遊戯地門」と言うのである。

『浄土論』に、「この五種の門のうちの初めの四つの門は、浄土に入る功徳を成就したことであり、第五門は浄土より出ていく功徳を成就したことである」とのたまわれている。この入・出の功徳は何であるかといえば、天親菩薩は『浄土論』に解釈して、「入第一門というのは阿弥陀仏を礼拝して、かの浄土に生まれさせようがための門であるゆえに、安楽世界に生まれることができる。これを「第一門と名づける」とのたまわれている。仏を礼拝して仏国に生まれようと願わしめられることは、これ第一の功徳の相であるということである。

「入第二門というのは、阿弥陀仏を讃嘆し、み名と意味にしたがって如来のみ名をとなえせしめ、如来の光明智相にしたがって修行したことにより、大会衆の数に入れしめたもうのである。これを入第二門と名づける」とのたまわれている。如来のみ名とその意味にしたがって讃嘆する。これが第二の功徳の相であるということである。

「入第三門というのは、一心に阿弥陀仏一仏を念じ、往生浄土を願って、かの国に生まれ、奢摩多《しやまた》寂静三昧《じやくじようさんまい》の行を修める。それによって蓮華蔵世界に入ることができる。これを入第三門と名づける」とのたまわれている。寂静止《じやくじようし》を修行しようと志して、一心にかの国に生まれようと願うのである。これが第三の功徳の相であるということである。

「入第四門というのは、浄土の妙えなる荘厳を専念して観察し、毗婆舎那を修めしめられたことにより、かの浄土に到ることができて、さまざまな仏法の味わいの楽を受けしめられるのである。これを入第四門と名づける」とのたまわれている。「さまざまな仏法の味わいの楽」というのは、毗婆舎那のなかに、観仏国土《かんぶつこくど》清浄《しょうじょう》味《み》（仏国土の清浄を観察する味わい）・摂受《しょうじゅ》衆生《しゅじょう》大乗《だいじょう》味《み》（一切衆生を摂受する大乗仏法の味わい）・畢竟《ひっきょう》住持《じゅじ》不虚作《ふこさ》味《み》（阿弥陀仏の真実の力に究極として支えられていることの味わい）・類事《るいじ》起行《きぎょう》願取《がんしゅ》仏土《ぶつど》味《み》（諸仏を供養し衆生を済度することの自由の味わい）がある。これらの無数の荘厳された仏道の味があるゆえに、「さまざまの」と説かれているのである。これが第四の功徳の相であるということである。

「出第五門というのは、大慈悲をもって苦悩する一切の衆生を観察し、さまざまな応身・化身に身をかえて、生死の薗、煩悩の林のなかに廻り入り、神通力を発揮して遊ぶがごとく衆生を教化する境位にいたることである。これは弥陀の本願力の廻向をもってなされることである。これを出第五門と名づける」とのたまわれている。「さまざまな応身・化身に身をかえて」というのは、『法華経』の「普門品」に説かれている観世音菩薩の示現のようなものである。「遊戯《ゆげ》」には二つの意味がある。一つには、自在という意味である。菩薩が衆生を済度したもうのは、たとえば獅子が鹿をうつように無雑作であって遊戯しているようである、という意味である。二つには、度無所度《どむしょど》（済度していながら済度していない）という意味である。菩薩が衆生をごらんになるのは、その究極の空・無我の相においてごらんになっておられる。それゆえに、無数の衆生を済度しておられるとはいえ、実に一人として滅度を得るものはいないのである。衆生を済度しようとして相《すがた》を現わしておられるのは、遊戯するようなものである、という意味である。「本願力」というのは、大菩薩が法身のなかにおいてつねに三昧におわしましながら、同時にさまざまな身や、さまざまな神通力や、さまざまな説法を現わして示されるのは、すべて弥陀の本願力から起こっているゆえである。たとえば阿修羅の琴は、だれも奏でるものがいなくとも、自然に楽の音を奏でるようなものである。「これを教化地の第五の功徳の相と名づける」とのたまわれている。〈以上抄出〉

これでもって大いなる聖者釈尊の真実の教えの意味が、まことに知られる。私たちが大涅槃を証するのは、弥陀の願力の廻向によっているのである。弥陀の還相廻向の利益が、利他（他人を利益する）の正しい意味をあらわしているのである。天親論主はそれにもとづいて阿弥陀仏の広大無礙の一心を宣布し、煩悩にとらわれる雑草にも等しい衆生をあまねく開化されたのである。宗師曇鸞大師は弥陀の大悲が私たちを浄土に往かしめ、そしてこの世や他の国土へ還らしめられる廻向を説きあらわして、ねんごろに他利・利他*の深い教えを弘宣《ぐせん》したもうたのである。仰いで仕えたてまつるべきである。ここに説かれているみ教えを、ことに頂戴するべきである。

顕浄土真実証文類四（浄土真実の証をあきらかにする文類）

語　註（ゴチック数字は本文の頁を示す）

総　序

八　誓願　『大無量寿経』に説かれている弥陀の四十八願のこと。『大経』によれば、阿弥陀仏はかつて法蔵菩薩という名の仏道修行者のときに、四十八のちかいをたて、そのすべてが成就しなければ、自分はたとえ仏になることができるとしてもならず、一切衆生とともに生死の世界を迷いつづけようと誓った。法蔵菩薩は五劫にわたる思索と永劫の修行のはてに、すべてを成就し、阿弥陀仏となったのである。

提婆達多　釈尊の従兄。出家して仏弟子となったが後に釈尊にそむき、五百人の弟子を率いて伽耶山に住み、阿闍世王をそそのかして父王を殺して王位につけ、さらに釈尊にかわって教団の指導者となろうとしたがかえって破門された。その後釈尊の殺害さえ企てたが失敗して悶死したとされる。

阿闍世　マガタ国頻婆娑羅王の子。提婆達多にそそのかされて父を殺し王位につく。のち釈尊に罪を懺悔し仏教の信者となり、釈尊の滅後仏教教団の大保護者となった。

韋提希　頻婆娑羅王の后。阿闍世王の母。阿闍世王によって幽閉され、苦悩の中で釈尊を念じ説法を願った。この時『観無量寿経』が説かれた。

九　頻婆娑羅　釈尊と同時代のマガタ国の王。夫人とともに深く釈尊に帰依した。晩年阿闍世王に王位を奪われ、獄中で死亡した。

小乗　乗はのりものという意味で、人びとをのせてさとりにみちびく教えのこと。自己の解脱のみを求める声聞・縁覚の教えを小乗という。それに対して、仏となり自利利他を満足する菩薩の教えを大乗という。

一〇　**億劫**　劫とは長大な時間を表わす。

教　巻

一四　**廻向**　廻向は一般には、自分が行なった善をめぐらして、他の者や自分のさとりのためにさしむけることである。しかし親鸞は、阿弥陀仏が自分の修行の功徳を、衆生にめぐらし与えて、それを往生の因とすると如来廻向を主張した。衆生が如来廻向の念仏を原因として往生することを往相廻向といい、往生して浄土より還って衆生教化することを還相廻向という。両方ともが如来の働きによるものとする。

一五　**阿難**　釈尊十大弟子の一人。釈尊の従弟で出家して後、釈尊常随の弟子となり、説教を最も多く記憶していたことから多聞第一と呼ばれた。また釈尊の叔母マハーパジャパティの出家に尽力し、比丘尼教団の基を成した。また経典の第一結集において経を誦出した。

一七　**優曇華**　ウドゥンバラの音写。無花果《いちじく》の一種の木の花。経典の中では、三千年に一度咲き、仏または転輪聖王が世に現われるときに咲くと説かれている。まれなことの譬えとして使われる。

無量寿如来会　『大無量寿経』の異訳、唐の菩提流支の訳。二巻

よく仏の微妙なる…　『無量寿如来会』の本文では「よく観察して微妙の弁才をもって」とあり、釈迦の奇瑞をよく観察して、たくみな弁舌の才能でそれをよく表現するの意である。今は、親鸞の読み方に従って訳した。

一八　**平等覚経**　『無量寿経』の異訳。詳しくは『無量清浄平等覚経』二巻。後漢の支婁迦讖の訳といわれ、『無量寿経』が四十八の本願を説くのに対して、二十四の本願を説く。

そなたは大いなる…　親鸞の読みは「もし大徳ありて、聡明善心にして仏意をしるによりて、もしわすれずば、仏辺にありて仏につかえたまう」であるが、意味がよく通らないので『平等覚経』の原文によって訳した。

憬興　七世紀後半の新羅の人。法相宗の僧。

『無量寿経』の註釈書である『無量寿経連義述文賛』を著わす。親鸞はこれを重視している。

一九 大円鏡智 大円鏡にすべての像がうつるように、すべてのものを現わす仏の智慧。

平等性智 差別を離れて、すべてが平等であることを悟る仏の智慧。

妙観察智 すべてのものを自由自在に観察することができる仏の智慧。

成所作智 衆生を利益するために自由自在に姿を現わし働くことができる仏の智慧。

第一義天 天を世間天・生天・浄天・義天・第一義天の五つに分けた内の最高の天。第一義とは最高の法のことで、真実の悟りをひらく天を第一義天という。また第一義を悟った仏を第一義天ともいう。仏は最高の天に住むことから天中天、天人師とも呼ばれる。

仏性不空 さとりの本性は、なにものにも防げられることのない絶対の空であるが、しかも永遠にかかわらず常に存在するという法。

末法濁世 仏教の歴史観である正像末の三時の第三。一般に釈尊入滅後、正法五百年、像法一千年を経ると、末法一万年となり、仏教はその教えのみあって、それを実践する行も、またその果としてのさとりもない時となるという。日本では永承七年（一〇五二）に末法の世に入ったとされた。濁世とは、悪事によってけがされた世のこと。

行巻

二三 無礙光如来 阿弥陀仏のこと。何ものもさまたげることができない光明の功徳をもって仏の名としたもの。

二四 世自在王仏 法蔵菩薩の師仏。あらゆる法に自在で、さまたげなく世間を利益する仏という意味の名である。

二五 仏説諸仏阿弥陀三耶三仏薩楼仏檀過度人道経 『無量寿経』の異訳。『大阿弥陀経』ともい い『過度人道経』と略称する。呉の支謙の訳、二巻。経名は、阿弥陀仏が人びとを救いたもうことを説いた経という意味。

二六 三悪道 苦しみの世界である地獄・餓鬼・畜生の三つのこと。

二七 **迦葉仏** 釈尊が出現する以前に現われた仏、すなわち毘婆尸《びばし》仏・尸棄《しき》仏・毘舎浮《びしゃふ》仏・拘留孫《くるそん》仏・拘那含牟尼《くなごんむに》仏に続く六番目の仏である。人の寿命が二万歳である時代に波羅捺《ばらな》城に生まれ、尼拘婁《にくる》陀樹《だじゅ》の下で悟りをひらかれたとされる。迦葉仏の次に釈尊が出現される。

二九 **菩提心** 菩提はボーディの音写で涅槃、悟りのこと。無上の悟りを求めて仏道を行じようと志すことを菩提心という。

三〇 **曇無讖** （三八五—四三三）中国北涼時代の訳経僧。中部インドの人で西域を経て、北涼の玄始元年（四一二）に姑蔵に来る。

悲華経 十巻。無諍念王とその千人の王子が宝蔵如来のもとで発心し、必ず浄土に生まれることが予言された。無諍念王は四十八の願を発し、未来に安楽世界で無量寿如来になると説かれている。

阿耨多羅三藐三菩提 サンスクリット語の音写で、無上正遍智、無上正等覚と訳し、仏の智慧の徳をいう。

五逆 最も重い五つの罪で、父を殺す、母を殺す、阿羅漢を殺す、僧の和合を破る、仏身より血を流すの五つをいう。

龍樹菩薩 （一五〇—二五〇）南インドの人。出家して小乗仏教を学んだが、後にヒマラヤ山に入って老比丘から大乗経を教えられたという。後に大乗経典の注釈書を多数著わして大乗思想を宣揚した。真宗七祖の第一祖。

般舟三昧 サンスクリットの音写の略称。諸仏現前三昧、仏立三昧、常行三昧という。七日から九十日の間、常に歩きつづけ仏名をとなえながら仏を念じ続ける修行法。この三昧を行なうと諸仏が悉くまのあたりに現われるという。

三一 **無生法忍** すべてのものは本来不生不滅であるという法を悟り、相を離れて真理の法にかない安住すること。

助菩提 『菩提資糧論』六巻中の偈文をさす。この偈は龍樹の作で、これを自在菩薩が解釈されたものが『菩提資糧論』である。

六波羅蜜 仏となるために菩薩が修する六つの行。すなわち、布施（ほどこし）・持戒（おきてを守る）・忍辱（たえしのぶ）・精進（つとめはげむ）・禅定（心を統一する）・智慧（真理をさとる）をいう。

四功徳処　菩薩が教えを説くのに必要な徳。真実をあらわし（諦）、惜しみなく施して説き（捨）、煩悩を滅し（滅）、智慧を完成する（慧）の四つをいう。

方便　衆生を救うためにさまざまな手段を用いる働きのこと。

般若波羅蜜　般若とは悟りの智慧のことで、菩薩が六波羅蜜を修することによって得る智慧である。

初地の菩薩　菩薩の修行の段階が、十信・十住・十行・十廻向・十地・等覚・妙覚の五十二位に分けられるが、その内の十地の最初が初地と呼ばれる。前の四十位は凡夫であり、初地以上が聖者とされる。この位に至れば、必ず仏となることが定まり喜びに満ちることから歓喜地とも呼ばれる。

「転」というのは…　親鸞は「転じて休息となづく」と読んでいるが、意味が通りにくいので原文に従って訳した。

三　**須陀洹道**　初果ともいう。三界（欲界・色界・無色界）の見惑を断じて聖者の流れに入った位をいう。

大海に似た…『十住毗婆沙論』の原文は「苦のすでに滅するは大海水の如く、余の未だ滅せざるは二三渧の如し」と読まれる。大海のような苦が滅し、わずかに二三滴の苦が残っているにすぎないとの意味である。後に出てくる同趣旨の文章を親鸞は原文の通りに読んでおり、この所は意識して読み換えたものと思われる。意味は通りにくいが親鸞の読みに従って訳した。

三　**天**　天界に住む衆生で天人のこと。仏事を歓び、天楽を奏し天華をふらし、天香を薫じ空を飛ぶとされている。

龍　水中に住み雲を呼び雨をおこす神力のある蛇形の鬼類で、仏法を守護するとされる。

夜叉　人を害する暴悪な鬼類。また毘沙門天に属し仏法を守護するとされる。

乾闥婆　帝釈天の音楽を司る神で、香を食すると言われる。

声聞　釈尊の音声を聞いた仏弟子のことであるが、大乗仏教では、自身のみ阿羅漢となることを理想とする低い仏道修行者をいう。

辟支　縁覚のこと。独覚ともいい、師につくことなく自身で悟りをひらくもの。しずかな孤独を好むために説法教化をしない。

仏性　仏陀の本性、つまり悟りそのものの性質、また仏となるべき性質、可能性をいう。

何らかの…『十住毘婆沙論』の原文は「諸の功徳を得るが故に歓喜すとやせん、地法歓喜すべしとやせん」と読まれ、諸の功徳を得るから歓喜するのであろうか、または初地には特別な何かがあって特に歓喜が多いのであろうか、という意味である。ところが親鸞は「…歓喜を地とす。法を歓喜すべし」と読み換えている。意味は通りにくいが、その読みに従って訳した。

三四　**燃灯仏**　錠光仏ともいう。『無量寿経』では法蔵菩薩の師である世自在王仏までに五十三仏をあげているが、その最初の仏である。

弥勒仏　現在は菩薩のままその浄土の兜率天で天人のために説法しているが、釈尊に予言されて五十六億七千万年の後のこの世に下生して、龍華樹の下で成仏し説法するとされる。釈尊のつぎにこの世に生まれる未来仏である。

第一希有の行　十地の菩薩の修行する、十波羅蜜の修行。

無閡解脱　無礙道と解脱道。まさしく煩悩を断じてさとりを身に引き起こそうとする段階と、煩悩から解放されて真理を体得した段階のこと。

薩婆若智　すべての存在に関して概括的に知るさとりの智慧。

三五　**十地もろもろの所行の法**　菩薩が十地の位で修行する六波羅蜜の行。

転輪聖王　正しい法で世界を統治するという伝説上の理想の帝王。

三七　**阿惟越致**　不退転のことで、菩薩の地位より退転しないという意味。必ず仏になる地位をいう。

宝月童子所問経　現存しない。異訳に『大乗寶月童子問法経』一巻、宋の施護訳がある。

無量明　『経』では十方の十仏の中の西方の仏名。親鸞は阿弥陀仏のこととしている。

四〇　**八聖道**　仏教の代表的実践道。仏教の真理（四諦）を自覚した正しい見解（正見）。心の行ないを正しくすること（正思）。正しく真実の言葉を語ること（正語）。身体の行為を正しくすること（正業）。正しい生活をすること（正命）。さとりをひらくために努力すること（正精進）。正しい見解を求める思いを忘れないこと（正念）。正しい禅定をして心を静かにして生活すること（正定）の八つである。

四一　**天親菩薩**　一般に世親という。五世紀初頭頃北インドに生まれる。兄の無著の教えによって大乗教に帰し、大小乗にわたって論書の著述が多いので、世に千部の論主という。『無量寿経優婆提舎願生偈』（『浄土論』）は浄土門において特に尊重されるところである。真宗七祖の第二祖。

四二　**五種の修行**　浄土に往生するための五つの行で、身に阿弥陀仏を敬いおがむ（礼拝門）。口に仏名をとなえて如来の徳をたたえる（讃嘆門）。心に一心に阿弥陀仏の浄土に往生したいと願う（作願門）。浄土の荘厳を思いうかべる（観察門）。以上の四種が自分の往生のための行である。最後は、自分の功徳をすべての衆生にさしむけて、共に浄土に往生しようと願うこと（廻向門）である。これを五念門という。

曇鸞和尚　（四七六—五四二）北魏時代の人。雁門に生れ、五台山で出家して四論を学び、のち陶弘景から仙経を得ての帰途、菩提流支に会って『観無量寿経』を授かったので仙経を焼きすてて浄土教に帰した。魏王の尊崇をうけ、大厳寺、玄中寺等に住した。著書に『浄土論註』二巻等がある。真宗七祖の第三祖。

四七　**中論**　龍樹の著で四四八偈、二八品である。中道を宣揚し、中観派の根本書である。

四八　**十二部経**　十二部の仏説の意。経典を叙述の形式または内容から十二種に分類したもの。

四阿含　原始仏教の経典で、釈尊の実際に説かれたと思われる経が多く含まれている。長阿含二二巻・中阿含六十巻・増一阿含五一巻・雑阿含五十巻に分けられている。

経・律・論の三蔵　仏教の聖典の古来からの分類。経蔵は釈尊の説法を説くもの。律蔵は釈尊が定められた生活規則を説くもの。論蔵は後世に大系化された論義や註釈書。大乗仏教、小乗仏教ともにそれぞれの三蔵を持っていたとされる。

二諦　真諦と俗諦。真諦とは絶対空の真理そのものであり、俗諦とは現実の事象および法則を言う。ところで、この所では真俗二諦では意味が通りにくいことから、二諦を浄土のこととし、真如法性に随順していることを真諦とし、具体的な荘厳によって飾られていることを俗諦とするという解釈もある。

四九 **道綽** （五六二―六四五）涅槃宗の学匠であったが、玄中寺の曇鸞の碑文を読んで浄土教に帰した。『安楽集』二巻を著わす。真宗七祖の第四祖。

念仏三昧 三昧とは、心を集中することによって安定した状態に入ることである。念仏三昧とは、阿弥陀仏だけに心を集中して他に心を散らさず念仏すること。

真如実相 仏教の究極的真理。存在のありのままが絶対の真実であり、永遠に不変であるから真如という。真実は存在のありのままのすがたにほかならないから実相という。

第一義空 第一義とは最高の法のことであり、法の立場にたてば一切が空であるということ。

五〇 **由旬** 距離の単位。いろいろの説があるが、十四・四キロメートルとされる。

三毒 むさぼり（貪）・いかり（瞋）・おろかさ（痴）の三つ。代表的な煩悩。

三障 修行や善を行なうのに障げとなるもの。常に起こりつづける煩悩。五逆罪などの罪を作ること。地獄・餓鬼・畜生の悪道に堕ちて善をなせないことの三つ。

五一 **華厳経** 詳しくは『大方広仏華厳経』釈尊が悟りをひらいた直後に説かれたとされる。三つの漢訳がある。「六十華厳」、東晋の仏陀跋陀羅の訳、六十巻三四品。「八十華厳」、唐の実叉難陀の訳で、八十巻三八品。「四十華厳」、唐の般若三蔵の訳、四十巻。

五二 **大智度論** 龍樹の著。『般若経』の註釈書で鳩摩羅什が漢訳した。百巻。

讃阿弥陀仏偈 曇鸞の著、一巻。『大無量寿経』によって、極楽浄土の阿弥陀仏の功徳と聖衆の功徳、さらに仏国土の荘厳の様相を讃嘆したもの。三九〇句からなる。

大千世界 須弥山を中心とする、九つの山、八つの海からなる世界を千個あつめたものを小千世界、小千世界を千個あつめたのを中千世界、中千世界を千個あつめたのを大千世界とし、大千世界を三千大千世界ともいう。

五三　**目連所問経**　現存の同名の経（北宋の法天の訳）にはこの文はない。引用の経典は偽経であろうといわれている。

目連　摩訶目犍連のこと。釈尊の十大弟子の一人。神通第一といわれる。

九十五種の邪道　釈尊在世の頃のインド思想が、九十五種あると言われ、仏教に対して九十五種の外道といわれた。

善導和尚　（六一三―六八一）阿弥陀仏の極楽浄土の図をみて浄土教に帰した。のちに道綽に教えを受け中国浄土教を大成した。『観無量寿経疏』四巻『往生礼讃』一巻『観念法門』一巻『法事讃』二巻『般舟讃』一巻を著わす。真宗七祖の第五祖。

五四　**観察行**　心を集中して仏の姿や浄土をまのあたりに見る修行法。

五五　**法身**　形相を超えた究極絶対の仏身。真理の法そのものを仏身にみたてたものである。

報身　仏道修行に報いて仏となった仏。法身のように無始無終ではなく始めはあるが、終りはなく、永遠の寿命を持つとされる。

応身　教化すべき相手に応じてさまざまに姿をかえてあらわれる仏身。

五六　**仏・法・僧の三宝**　仏教徒が帰依し供養しなければならないもの。悟りをひらいた仏と悟りの法、および悟りを求める僧の三つが最も大切なものであるから宝とする。

五七　**善知識**　正しい教えを説いて仏道に帰依させ、さとりを得させる人、または、仏道に帰依させる縁を結ばせるものをいう。

五八　**化仏**　衆生を利益するために、さまざまな姿でもって現われる仏。

化観音　観世音菩薩の化身の意。阿弥陀仏の脇士で慈悲を象徴すると言われる。

勢至菩薩　阿弥陀仏の脇士で智慧を象徴すると言われる。

五九　**舎利弗**　舎利弗多羅《しゃりぷとら》のこと。釈尊の十大弟子の一人。智慧第一と言われる。『阿弥陀経』は舎利弗を聞き手として説かれている。

舌相　仏が身にそなえる身体的特徴である三十二相の一つ。仏の舌は広くて長い。舌が顔を覆えば、言葉がすべて真実であるといわれる。

六〇　**智昇法師**　唐代の人。長安崇福寺に住した。『開元釈教録』『高僧続大唐内典録』『続釈経図記』『集諸経礼懺儀』などを著わす。

観経疏　善導の著。『観無量寿経』の註釈書。「玄義分」「序分義」「定善義」「散善義」の四巻からなる。

観念法門　善導の著。一巻。詳しくは『観念阿弥陀仏相海三昧功徳法門』という。観仏三昧、念仏三昧を説いたもの。

六一　**般舟讃**　善導の著、詳しくは『依観経等明般舟三昧行道往生讃』という。『観無量寿経』などによって、讃嘆供養、別時法事の行儀を述べたもの。

六二　**音**　読みが同じ音であるということ。

即是其行　前出（本文六十頁）の「玄義分」の文に「南無と言うは即ちこれ帰命なり。亦是発願廻向の義なり。阿弥陀仏と言うは即ち是れ其の行（即是其行）なり」と「南無阿弥陀仏」の称名念仏に願と行の両方がそなわっていることを説いている。今は親鸞が「阿弥陀仏即是其行」の文を解釈している。

選択本願の行　称名念仏のこと。阿弥陀仏は、衆生を往生させるための行として、多くの行の中から称名念仏を選び取られたことからこのように言われる。

六三　**法照**　中国唐代の人。『五会法事讃』を著わす。世に善導の後身（生まれかわり）と称される。

無生　存在の本質が生滅変化を超えていることから、真理の法をこのように言う。

無相離念　あらゆる現象に対する執われや、すべての意識を離れて、真理の法と一体になること。

一如　唯一絶対でありのままな、形相を超えた真理そのもの。

六四　**九品の念仏行者**　『観無量寿経』には、往生の行の違いによって、往生する浄土にも区別があると説かれる。上品・中品・下品がそれぞれ三つに分かれて、九種類に分けられている。

称讃浄土経　『阿弥陀経』の異訳。唐の玄奘の訳。一巻。

六つの神通力　天眼通（通常人の眼に見えぬものを見る働き）。天耳通（通常人の聞き得ない音声を聞く働き）。他心通（他人の心の動きを知る働き）。宿命通（過去の出来事を知る働き）。神足通（どこにでも自由に往来できる働き）。漏尽通（一切の煩悩を自在に滅し尽くす働き）。の六つの働きのこと。

六五　**仏本行経**　七巻三一品。劉宋の宝雲の訳。『仏本行讃伝』ともいい、釈尊一代の伝記を説いたもの。

六七　**般舟三昧経**　三巻本と一巻本とがあり、いずれも後漢の支婁迦讖の訳。三巻本には、阿弥陀仏を一心に念じて一昼夜から七日間に及べば、阿弥陀仏を見ることができると説かれる。（般舟三昧については三〇頁の註参照）

六八　**別時念仏**　特定の時期と場所とを定めて修する念仏のこと。日常の念仏に対して別時という。

因位　成仏の果を得るために修行中の菩薩を因位の菩薩という。阿弥陀仏の因位は法蔵菩薩で、四十八願をたて永劫の修行の後に阿弥陀仏と成った。

六九　**十悪**　殺生、盗み、姦淫、嘘をつく、二枚舌、悪口、美辞麗句、むさぼり、いかり、愚痴の十種の悪のこと。

七三　**無諍念王**　阿弥陀仏が過去に転輪聖王として全世界を統一していた時の名。

宗暁　中国唐代の僧。西方浄土を願生した者の記文や詩偈を集めた『楽邦文類』五巻の編者。

張掄　南宋時代の居士。高宗（一一二七―一一六二）の頃、両浙西路副都総管であった。晩年、自宅に道場を設け妻子と共に毎日念仏を修したといわれる。

七四　**慶文**　宋代の人で天台の僧。

元照　（一〇四八―一一一六）中国余杭の人。律と天台を学び、戒律の復興に努力した。晩年には浄土教に帰依して念仏を広めた。

七五　**首楞厳経**　『大仏頂如来密因修証了義諸菩薩万行首楞厳経』十巻。禅法の要義を説いた経典。親鸞はこの経によって『浄土和讃』の中に「勢至和讃」を作り、法然の本地としての勢至菩薩の徳を讃えている。

摩訶衍論　『大乗起信論』のこと。馬鳴の著とされている。大乗仏教の入門書として古来より重視されている。梁の真諦訳一巻と唐の実叉難陀訳二巻とがある。

七六　**止観論**　『摩訶止観』のこと。天台大師智顗が説いたものを弟子の章安が記したもの。天台宗の修道法を説いたもの。

七七　**一乗**　仏教の真実の教えは唯一つで、それによれば、だれもが同じように仏になれると説く教え。乗とは乗りものの意で、一乗とはすべてが同一になることを譬えたもの。

七九　**遵式慈雲法師**　（九六四―一〇三二）天台を学び、のち天台東掖山の西隅に精舎を建て阿弥陀仏の大像を造立して念仏三昧を修した。『往生浄土懺願儀』『往生浄土決疑行願二門』などの書がある。

不退の位　菩薩の修行の段階で再びもとへ退転しない位をいう。多くの不退の位が説かれるが、今は浄土に往生すれば、再び迷いの世界には退転しないという処不退の意味である。親鸞は、従来の不退の説とは別に、信心を得れば必ず往生して仏となることから、信心を得たものを現生不退の位につくものとした。

八〇　**開元釈教録**　唐の智昇の編、二十巻。後漢（六七）から唐（七三〇）までに訳された経律論、伝記その他二千二百七十八部の目録。

戒度　南宋の人、元照の弟子。律を究めたとされる。晩年に餘姚の極楽寺に住して、専ら浄土往生を願った。

用欽　南宋の人、元照の弟子。『観経義疏白蓮記』『弥陀経義疏超玄記』などの書がある。

八一　**嘉祥大師**　（五四九―六二三）三論宗の開祖。名は吉蔵。嘉祥寺に住したので嘉祥大師という。

八二　**法位**　法相宗の僧。伝記不詳、引用の『大経疏』も現存しない。

飛錫　中国唐代の禅僧。不空の翻訳場で訳経に従事した。『念仏三昧宝王論』三巻などの書がある。

源信和尚　（九四二―一〇一七）比叡山の横川楞厳院に住した。『往生要集』は天台の観念念仏と善導系の称名念仏を説いた浄土教の聖典で、後世浄土教の祖と言われる。末法思想によって人心の動揺している社会に浄土思想を普及し鎌倉新仏教に大きな影響を与えた。真宗七祖の第六祖。

八三　**心地観経**　詳しくは『大乗本生心地観経』八巻十三品。唐の般若三蔵の訳。

八四　**波利質多樹**　サンスクリットの音写。香遍樹、円生樹と訳す。香樹で忉利天にあるといわれる。

醍醐　牛乳を精製した最上のもの。これを飲むと一切の病気が癒るといわれる。今は牛が忍辱を食べれば直接醍醐が出てくるというのである。

源空上人　法然上人のこと。法然は房号で源空は名前。真宗七祖の第七祖。

八五　**聖道門**　浄土に往生して悟りをひらく浄土門に対して、この世で修行を積んで悟りをひらくものを、聖者において始めてでき得ることであるから聖道門と呼ぶ。

雑行　阿弥陀仏一仏だけに専心する行を正行というのに対して、他の仏や浄土への行をまじえてする行を雑行という。

八七　**五会法事讃**　詳しくは『浄土五会念仏略法事儀讃』一巻。唐の法照の著。念仏を曲調にのせて修する五会念仏の作法を略述したもの。

九〇　**普賢菩薩**　釈尊の脇士で、文殊菩薩の智に対して慈悲を司る菩薩である。このことから普賢菩薩は、すべての衆生を救うために、絶えることなく巧みな働きをされると言われる。

九一　**四種の門**　浄土往生の行である五念門の内の自分の悟りのための四種の行。（四二頁の五種の修行の註参照）

九四　**心をいたして…**　ここでは、親鸞独自の解釈によらず、従前の解釈によって訳した。

九五　**正定聚**　他力信心を得て、阿弥陀仏によって浄土往生が定まった位。（七九頁不退の位の註参照）

一生補処　いまの一生をすぎれば、次の生では必ず仏となる最高の菩薩の位である。菩薩五十二位の内等覚の位である。

九六　**初地から十地**　（三一頁初地の菩薩註参照）

禅定　原文は奢摩他である。漢語に訳して禅定という。迷いを断ち、感情をしずめ心を明らかにして、真実の理法を体得すること。

九八　**縁覚**　師につかないで一人で悟りをひらく者のこと。独覚とも辟支ともいう。

涅槃経　釈尊の最後の説法といわれる。すべての衆生には仏となる性質がある（一切衆生悉有仏性）と如来常住を説く。北涼の曇無讖が訳した四十巻十三品（北本涅槃経）と、劉宋の慧観・慧厳・謝霊運らが、法顕訳の『小乗涅槃経』を参考にして北本涅槃経を改訂した、三十六巻二十五品(南本涅槃経)とがある。

一〇〇 **文殊** 釈尊の脇士で智慧を象徴する。

十力 仏のみが具える十種の智慧の力。

四無所畏 説法をする時、恐れはばかることがない四つの自信。一切の法をさとったという自信。一切の煩悩を滅し尽したという自信。修行の障りとなる煩悩を説くことができるという自信。悟りへいたる道を説くことができるという自信の四つをいう。

一〇三 **菩薩瓔珞本業経** 姚秦の竺仏念の訳、二巻八品。菩薩の階位や戒律を説く。

一〇四 **定善・散善** 定善は、心を集中統一して(禅定という)修する善根をいい、散善は、日常の散り乱れた心のままで修する善根のこと。共に自力の修善方法である。

一〇五 **弥陀の直説** 阿弥陀仏の自説とは『般舟三昧経』に跋陀和《ばつだわ》菩薩の問いに対して阿弥陀仏が「私の浄土に生まれたいならば、私の名を称えよ」と答えられたことをいう。本来報身仏の弥陀は説法しない。それがとくに念仏を説かれたとあることからこの対比が設けられた。

報土 浄土は、報土と化土に大別され、弥陀の本願の他力の信心を頂戴したものだけが真実報土に迎えられるとされる。化土は、疑城胎宮と辺地懈慢に二分されていて、前者には、念仏が自分の弥陀に対する廻向であるとする、まちがった自力の念仏者が迎えられ、後者には、聖道門と総称される自力の仏道修行者が浄土を願って迎えられる。たとえていえば、報土は蓮の花が開いているところである。疑城胎宮はつぼみのままの辺境であって、自力の念仏行者は、そのつぼみのなかに、五百年間とじこめられる。辺地懈慢土は、そのつぼみさえも出ていない、さらにはるかな辺境である。

一〇九 **二十五有** 欲界・色界・無色界の三界(迷いの世界)のさらに詳しい分類。

難思議往生 他力信心によって真実報土へ往生すること。阿弥陀仏の不可思議の願力による往生であることから難思議往生という。

一一〇 **無量寿如来** 阿弥陀仏のこと。サンスクリットではアミターユス（無量寿仏）ともアミターバ（無量光仏）とも言われる。

不可思議光如来　阿弥陀仏のこと。衆生には思いはかることのできない智慧の光によってすべての者を救いたもう仏という意味。

二二　**必至滅土の願**　第十一願で信心を得たものは浄土に往生して必ず成仏させようという願。

二三　**分陀利華**　白蓮華。泥中にあっても清浄な花を咲かせることから、念仏の人を誉める言葉として使われる。

楞伽山　インドの南海にある山。同地方の摩羅耶山頂にある城の名ともいう。

有と無の邪見　すべての存在は縁起によって仮りに存在しているという仏教の思想に対して、存在は常住で実体的であるとする有見と、存在は虚仮で死後は何も残らないとする無見とは、ともに一方に偏った誤った見解であるから邪見という。

二四　**僧伽**　サンスクリットの音写。和合衆・和合僧の意味。仏道を行ずる人々の集団をいう。

真如法性の身　生滅変化を離れた真実の法そのもの。

二五　**菩提流支三蔵**　北インドから五〇八年に洛陽に来る。北魏時代の代表的経典漢訳者。天親菩薩の『浄土論』を漢訳し、曇鸞に『観無量寿経』を授けた。

仙経　不老長寿を説く道教の経典のこと。曇鸞は仏教を学ぶために不老長寿を身につけようと考え陶弘景から道教を学んだ。ところが菩提流支から永遠の命を得る『観経』を与えられ、即座に仙経を捨て浄土教に帰入したとされる。

二六　**三不信三信**　三不信とは、信心があつくない（不淳）・純粋でない（不一）・信心が続かない（不相続）のこと。三信はその逆で淳一相続の信心のこと。

三忍　喜・悟・信の三忍。喜忍とは信心を喜ぶ心。悟忍とは仏智をさとる心。信忍とは阿弥陀仏の本願の力を信じることである。

信　巻

二四　**私が真実心を…**　親鸞は第十八願を独自の読み方で読み、本願力廻向の意味をこめて理解した。

今はそれに従って訳した。一般には「至心に信楽して我が国に生まれようと思い…」とすべて衆生の心に理解している。

一三五 **無間地獄** 八大地獄の中の第八。苦しみの絶え間がないことから名づける。阿鼻地獄ともいう。

阿弥陀仏は… 親鸞は本願文とともに成就文も独自の読み方をして本願力廻向の意味をこめて理解する。今はそれに従って訳した。一般には「その名号を聞いて信心歓喜し乃至一念して、至心に廻向して彼の国に生まれようと願ずれば…」と廻向を衆生の廻向と理解している。

一三六 **無上正等菩提** 阿耨多羅三藐三菩提の漢訳。(三〇頁阿耨多羅三藐三菩提の註参照)

一三〇 **五濁** 悪世における汚れを五つに数えたもの。劫濁(時代的社会的な汚れ)・見濁(よこしまな思想・見解がはびこること)・煩悩濁(貪瞋痴などの煩悩がはびこること)・衆生濁(人間の果報が衰え資質が低下すること)・命濁(寿命がだんだん短くなること)の五つ。

五苦 生・老・病・死の四苦と、愛別離苦(愛するものと別れることの苦)とを合わせて五苦という。

六道輪廻 地獄・餓鬼・畜生・修羅・人間・天の迷いの道に生死を繰り返すこと。

一三三 **三福** 幸福をもたらす三種の善行。世福(世間的道徳を守る)・戒福(仏の定めた生活軌範を守る)・行福(真実のさとりを願って大乗の諸善万行を修する)の三つをいう。

九品 浄土に生まれるための原因として修める善の種類によって、往生にも九種の段階がある。そのような往生を九品往生という。

定散二善 (一〇四頁定善・散善の註参照)

一三三 **依正二報** 過去の業のむくいとして得た身を正報。その身が依りどころとする環境を依報という。いま正報とは阿弥陀仏であり、依報とは弥陀の浄土をさす。

一三七 **大乗仏教以外の見解…** 異学・別解については『一念多念文意』(三巻一八七頁以下)に親鸞が他力念仏の立場から独自の解釈をしている。今は一般的な解釈によって訳した。

四重 十悪の中の最も重いとされる四つの悪のことで、殺生、盗み、姦淫、嘘をつくの四つをいう。

闡提　一闡提のこと。断善根、信不具足などと訳し、仏と成るための因を持たないものをいう。

破見　正しい見解を破ること。

三界　欲界・色界・無色界のことで迷いの世界のこと。

一三一　**六根**　眼・耳・鼻・舌・身・意の六根。根は、感覚機官およびその機能をいう。

六識　眼識・耳識・鼻識・舌識・身識・意識の六つ。識とは、対象を知覚し認識する心の主体をいう。

六塵　六根の対象となる色・声・香・味・触・法の六つ。心を惑わし汚すことから塵という。

五陰　色・受・相・行・識の五つ。すなわち物と心。

四大　地・水・火・風の四元素のこと。

一四四　**貞元の新定釈教の目録**　唐の徳宗の貞元十六年(八〇〇)円照が勅を奉じて編集した大蔵経の目録、三十巻。『貞元録』と略称する。

一五五　**檀波羅蜜**　菩薩の六波羅蜜の第一の布施波羅蜜のこと。

一六〇　**定散自力の廻向心**　定善散善の自力の善根を往生の功徳として廻向して往生を願う心。(定善散善は一〇四頁の註参照。廻向は一四頁の註参照。)

一六三　**利他行**　すべての衆生を仏と成らしめるための行。自分が成仏するための行を自利行というのに対する。

一六四　**大般涅槃**　悟りの境地。大は勝れたことの意。般は完全の意。涅槃は煩悩の火が吹き消され滅尽して、悟りの智慧の完成した境地をいう。

四種の煩悩　欲・有・見・無名の四つの煩悩。この煩悩は、すべての善を流失させることから四暴流と言われる。

一六六　**正観**　教えの通りに真理や形相を正しく観想すること。

邪観　教えに違って観想をすること。

有念　色や形を心に思い浮かべること。

無念　形や色に対する執着を離れ、形や色を心に思い浮かべないこと。

権実　権教と実教。権教とは仮りの教え、方便の教えをいう。実教とは、真実の教えをいう。

顕密　顕教と密教。顕経とは、経典にあらわに説かれた教えをいう。密教とは、経文からは知ることができない秘密の教えをいう。

大小 大乗と小乗。（九頁小乗の註参照）

一六七 **正雑** 正行と雑行。（八五頁の雑行の註参照）

一六九 **超玄記** 元照の『阿弥陀経義疏』の註釈書。

一七〇 **阿弥陀経聞持記** 『阿弥陀経』の註釈書。三巻。戒度は途中の六方段まで解釈して没したため、四十年後に石鼓の法久が書き継いで完成した。

一七四 **八つの障害** 仏を見ることができず、正しい法を聞くことができない八つの境界があるという。(1)地獄(2)餓鬼(3)畜生は苦しみのあまり仏法を聞くことができない。(4)長寿天。(5)辺地は長寿や楽しみが多いために仏法を聞きたいとも思わない。(6)盲聾瘖唖《もうろういんあ》は身体の障害のために仏法が聞けない。(7)世智弁聡は世間智にたけて邪見におちいり仏法を聞くことができない。(8)仏前仏後は法を説かれる仏がおみえにならないから仏法が聞けない。

一七七 **天台大師智顗** （五三八―五九七）隋代の人。天台宗の開祖。『法華玄義』『法華文句』『摩訶止観』などを著わす。

即身成仏 現在のこの身のままでただちに仏になること。

三輩 大経下巻に、諸行による往生には上輩・中輩・下輩の三種類があり往生の因としての修行に違いがあり往生にも違いがあると説かれている。観経には上品・中品・下品がさらにそれぞれ三つに分けられ九品の修行と往生が説かれている。

一七八 **懈慢土** 懈慢界の略。専心に念仏せず、時々自力の心を起こして念仏をなまけ、諸行を修する者の生まれる世界のこと。

一七九 **支謙三蔵** 中央アジア大月氏の人。六ヶ国語に通じた中国初期仏教の経典漢訳僧。

一八〇 **往生礼讃** 善導の著、一巻。詳しくは『勧一切衆生願生西方極楽世界阿弥陀仏国六時礼讃偈』という。日没・初夜・中夜・後夜・晨朝・日中の六時にそれぞれ讃文を唱えて礼拝する行儀を明かしたもの。

一八三 **迦葉菩薩** 釈尊十大弟子の一人。釈尊成道後三年目の頃に弟子となり、八日目に阿羅漢の悟りを得たといわれる。弟子の中で最も執着の念がなく、清廉な人格で釈尊の信頼が最も厚かった。釈尊滅後、教団の統率者となった。

一八七　喜忍　喜忍・悟忍・信忍の三忍の一つ。（二六頁三忍の註参照）

十信　菩薩の五十二位の最初の一から十までの信の位。これは教を信じて疑わない凡夫の位であり、菩薩とは言っても名だけであるから名字の菩薩と言われる。（三一頁の初地の菩薩の註参照）

解行　菩薩五十二位の十信の上の十住・十行のこと。十住は十解ともいい、二つをまとめて解行という。

一八八　蔡華　蔡は亀。聖者の出世には白亀が千葉の白蓮華に乗って現われるという。めでたい花。

王日休　宋の人、儒学に通じた人であるが、後に浄土教に帰依した。『浄土文』十二巻を編纂した。

一九〇　智覚　（九〇四―九七五）北宋代、銭塘の人。名は延寿、智覚は賜号。禅を修しつつ念仏を行じ『宗鏡録』百巻を著す。

一九一　朴順　（五五七―六四〇）華厳宗の祖師。『五教止観』『法界観』などを著わし華厳宗の基礎を作った。

高玉　（―七四二）姓は高、名は懐玉。日課念仏五万遍、『阿弥陀経』三十万巻を読誦したと伝える。

劉程之　（三五二―四一〇）字は仲思、遺民と号した。彭城の人、老荘をよくし諸子百家に通じ、慧遠の白蓮社に参加した。

雷次宗　（三八六―四四八）字は仲倫。豫章南昌の人。博学で詩に通じ、慧遠の白蓮社に参加した。

柳子厚　（七七三―八一九）名は宗元。唐の官吏。韓退之とならんで文名が高かった。

白楽天　（七七二―八四六）名は居易、香山居士と号した。唐の官吏で詩人。

一九二　六十二見・九十五種の邪道　インドにおける仏教以外の教えが説く誤った見解は、大別すると六十二となる。見は見解の意である。九十五種とは、誤った見解が九十五種類あるということである。

一九三　もっぱら悪人を…　『涅槃経』の文は「もっぱら悪人をもって眷属と為す。現世の五欲楽に貪著するが故に」である。親鸞は「もっぱら悪人を」までを省略して「眷属の為めに現世の五欲楽に貪著するが故に」と読んでいる。今は『涅槃経』に従って訳した。

二〇三　**耆婆**　阿闍世の庶兄。仏教に深く帰依して、釈尊や仏弟子の病を癒した名医。また阿闍世を仏教に帰依せしめた。

二〇六　**末伽梨拘舎離子**　前出では末伽梨狗舎梨子と出ている。今は原文のままとした。

仙人は…　大臣と六師外道の配列とすれば、

大臣、吉徳　　師、尼乾陀若犍子

大臣、無所畏師、加羅鳩駄迦旃延

となるべきである。

吉徳が婆蘚山の名を挙げ、それをとり上げたことから配列が乱れたものと考えられる。

二〇八　**六住**　菩薩の五十二位のうち、初地から六地までのこと。

二一〇　**阿鼻地獄**　無間地獄ともいう。最も苦しい地獄で、銅が沸いて罪人を焚き殺す。五逆罪を犯した者、大乗の教えを謗った者が落ちるとされる。

毘瑠璃王　波斯匿《はしのく》王の子。王位を奪って後、昔し受けた恥辱を怨みとして釈迦族を亡ぼした。釈尊は王の悪行を見て、直ちに火に焼かれて死に地獄に堕ちると言われた。それを聞いた王が、火の難を逃れるために海上に船を出したところ、船火事がおこって焼け死に阿鼻地獄に堕ちたといわれている。

瞿伽離比丘　提婆達多の仲間の一人で、仏弟子の舎利弗・目連を誹謗したために、身に悪瘡ができ、生きながら大地におちこんで阿鼻地獄に堕ちたと言われる。

二一一　**大王が…**　『涅槃経』では、父王が足を斬られて、なお立って牢屋から逃げようとでもすれば、殺してしまえと命じた、という意味の文章である。ここでは親鸞の読みに従って訳した。

二一三　**獲物がいないのは…**　涅槃経の文によって訳した。親鸞は「われ、いま遊猟す。このゆえに、まさしくつみをえず。このひと駈りてついにさらしむ」と読んでいるが意味がよく通らない。

二一七　**摩伽陀国**　中印度の国名、王舎城のある所。

二二三　**四種の魔**　魔とは善行を防げ、身を悩ませるものをいう。四魔とは、死すべき存在である身体を五陰《ごおん》魔、未来の生を感じさせ死にいたらせる煩悩を煩悩魔、死そのものを死魔、死を超越しようとするものを天魔といい、その四つをいう。

二二三　**毗婆尸**　過去七仏の内第一番目の仏（二七頁の迦葉仏の註参照）

二二四　**曼陀羅華**　色美しく芳香を放ち、これを見るものの心を悦ばせるといわれる天界に咲く花。

三十三天　忉利天のこと。須弥山の頂上にある天で、その天人の寿命は千年であるという。頂きの四方に峯があり、峯ごとに八人の天人がいるので合して三十三天となる。

二二五　**瞿曇**　釈尊の名であるゴータマの漢訳。

二二九　**私のために…**　『涅槃経』では、ここは釈尊の言葉であり、坂東本以外の『教行信証』では、「我れために法を説きて重罪をして薄きことをえしめき、無根の信をえしむ」と読まれている。今は真蹟である坂東本によって善見の言葉として訳した。

二三三　**大品般若経**　『摩訶般若波羅蜜経』の略称。二八巻九十品。鳩摩羅什の訳。大乗仏経初期の般若空観を説いた基礎的経典。同本異訳に、竺法護の訳『光讃般若波羅蜜経』十巻二七品。無叉羅の訳『放光般若波羅蜜経』二十巻九十品がある。

二三四　**業道経**　こういう名の経はない。業の道理、つまり自業自得、善因楽果、悪因苦果の道理を説く経典を総称していると思われる。

下下品　九品に分けられる往生人の内、もっとも功徳の少ない最下位のもの。一生の間悪業を重ねて功徳のないものであっても、臨終時に十声の念仏を称えれば、その功徳によって往生できると説かれている。（一三二頁九品の註参照）

二三五　**首楞厳三昧経**　二巻。鳩摩羅什の訳。首楞厳三昧とは、十地の菩薩の修行する禅定で、この三昧に入れば、煩悩の魔を破ることができ、諸の三昧の内容を知ることができるといわれる。その三昧を説いたもの。

二三九　**三禅の楽**　三界の一つである色界には、初禅・第二禅・第三禅・第四禅の四種の天があるとされる。その第三禅の世界の楽しみを言う。

智周　（六五〇—七一四）淄州の大雲寺に住して法相宗を広めた。『成唯識論了義燈記』などの著述がある。

二四〇　**三乗**　声聞・縁覚・菩薩のそれぞれの修行と悟りを説く教え。これに対して一乗は、すべてのものを区別なく同一の悟りを得るという教えを説く。

阿羅漢　すべての煩悩を断ってこれ以上学び修

行するものがないという、小乗における最高位のもの。

倶舎論　詳しくは『阿毘達磨倶舎論』世親の著。小乗仏教教理の集大成書である『阿毘達磨大毘婆沙論』の綱要書。玄奘訳の三十巻本が法相宗の基本教学書となっている。（世親は四一頁の天親菩薩の註参照）

二四一　**薩遮尼乾子経**　詳しくは『大薩遮尼乾子所説経』十巻。菩提流支の訳。大薩遮尼犍外道（大苦行を主張する外道）を奉ずる人が、仏教に帰依して、鬱闍延城の厳熾王のために世間の法と世間を超える法を詳しく巧みに説き、遂に王と共に仏の所に行って、仏より未来のさとりについての予言を受けたことを説いたもの。

証　巻

二四四　**難思議往生**　他力の信心を得て真実報土に往生すること。人間からは思い量ることができない不可思議な阿弥陀仏の本願力による往生であることからこういわれる。

二四五　**報身**　修行に報いて悟りをひらいた仏。それぞれの浄土にあって説法教化をされ、寿命は永遠で滅度に入ることはない。

応身・化身　衆生を教化するために種々に姿を変えて現われる仏。応身は釈尊のような人間の形をとる仏身をいい、化身はその他人間以外の姿ともなって現われる仏身。

二四八　**化生**　真実報土に往生することを言う。化身土に往生することを胎生というのに対する言葉。

二四九　**淄水・澠水**　中国山東省にある川の名。二つの河は分流していても、合流すれば一味となることをいう。

二五〇　**虚無の身、無極の体**　涅槃そのものとなり、絶対の自由を得たもの。

三賢や十聖　菩薩の五十二位の内、最初の十信を外凡の位といい凡夫であるが、次の十住・十行・十廻向を三賢といい、その次の十地を十聖という。

二五一　**無余の涅槃**　完全に窮極に達して、残されたもののが何もないこと。無余は無余依の略ですべてのよりどころを離れるということで、煩悩も肉身もともに完全に滅し尽した状態をいう。

二五三 **願の本文** 第二十二願の本文は、行巻（本巻九五頁）のほか、証巻（本巻二五五頁）に『浄土論註』の引用として収載されている。

二五四 **未証浄心の菩薩** いまだ純粋清浄の身となっていない菩薩のことで、菩薩五十二位のうち初地から七地までの菩薩をいう。また広くは十信位の凡夫から七地までの仏道修行者をいう場合もある。

上地 菩薩五十二位のうち八地・九地・十地をいう。純粋に清浄な身となった菩薩である。

報生三昧 八地以上の菩薩が、意志を働かすことなく努力することもなくおのずからに得る寂静の境地。修行によって得られるものではない。この三昧に入れば、思うままに種々に姿を現わし衆生を済度し仏を供養することができるという。

二五五 **十地経** 『華厳経』の中の十地品の別訳。菩薩の五十二位のうちの十地の内容を詳しく説いたもの。

二五七 **五種の不思議** 衆生多少不思議、衆生の数は無限で増減のない不思議。業力不思議、衆生の千差万別なることはそれぞれの業によることの不思議。龍力不思議、龍が一滴の水をもって全世界に雨を降らせるという不思議。禅定力不思議、禅定によって数百年間も身体を維持し、神通を現わすことの不思議。仏法力不思議、諸仏の智慧の不思議なること。これらの五つの不思議のこと。

二五八 **八句** 『浄土論』に浄土の荘厳功徳について㈠国土十七種、㈡仏八種、㈢菩薩四種の二十九種の荘厳功徳が説かれる。八句とは仏についての八種の荘厳功徳をいう。

十七句 『浄土論』に説かれる浄土の十七種の荘厳功徳をいう。

二五九 **しかし仏を…** 親鸞は「すでに上首おそらくは長劫に同じきことをしりぬ」と読んでいるが、『論註』は「すでに上首を知りぬ。恐らくは長幼を同ぜんことを」という文章で、親鸞は『論註』加点本ではそのように読んでいる。今は『論註』の文章に従って訳した。

荘厳不虚作住持 阿弥陀仏の八種の荘厳功徳のうちの一つで、四十八願とその働きはすべて真実であり、念仏するものを必ず仏と成らしめる功徳を持っているということ。

二六〇 **須弥山** 古代インドの世界観で世界の中心にあ

るとされた山。香木が茂り、中腹の四方には四天王のそれぞれの宮殿、頂上には帝釈天の宮殿など三十三天の宮殿があり、山の中腹を日と月がまわるとされる。

二六一 **維摩経** 詳しくは『維摩詰所説経』三巻。鳩摩羅什訳。在家信者の維摩詰と文殊との問答で、大乗仏教の精随が説かれる。初期大乗仏教の代表的経典。

二六三 **僧肇法師** （三七四―四一四）東晋の代、長安の人で、鳩摩羅什の門下で、四哲の一人に数えられる。龍樹系統の思想を伝え、中国における仏教の本格的研究の基礎を築いた。著書のうち『肇論』四巻は特に重視されている。

二六八 **三十二相** 仏と転輪聖王だけに具わる身体的特徴。足安平相（扁平足）。足千輻輪相（仏足石に表わされるような相）。手指繊長相（指が長い）など、全部で三十二の瑞相がある。

二七五 **初禅・二禅・三禅** 色界の四禅天のうちの前三つのこと。四禅の差別は、禅定に伴う心のはたらきの有無によって分けられる。

二八〇 **他利・利他の深い教え** 阿弥陀仏の衆生済度の働らきを、仏の側からは利他といい、衆生の側からは他利と言うべきであると、曇鸞が意義づけた。（本文九四頁参照）

真継伸彦（まつぎ　のぶひこ）

1932年京都市生まれ。京都大学文学部独文科卒業後、校正アルバイト、専修大学図書館勤務、青山学院大学ドイツ語講師などをしながら同人誌活動。1963年、歴史小説『鮫』で文藝賞を受賞。執筆活動を続けながら芝浦工業大学、桃山学院大学勤務を経て、姫路獨協大学外国語学部教授。2016年８月逝去。

著書　『鮫』（河出書房新社1964）、『光る聲』（河出書房新社1966）、『無明』（河出書房新社1970）、『日本の古典 第12巻 親鸞・道元・日蓮』（共訳、河出書房新社1973）、『林檎の下の顔』（筑摩書房1974）、『親鸞』（朝日評伝選、朝日新聞1975）、『闇に向う精神』（構想社1977）、『私の蓮如』（筑摩書房1981）、『青空』（毎日新聞社1983）、『心の三つの泉 シャーマニズム・禅仏教・親鸞浄土教』（河出書房新社1989）など多数。仏教への関心も深く信仰の問題を追求した作品が多い。

新装版　現代語訳 親鸞全集1　教行信証 上

一九八三年　二月一〇日　初　版第一刷発行
二〇二三年　五 月二五日　新装版第一刷発行

訳　者　真継伸彦
発行者　西村明高
発行所　株式会社　法藏館
京都市下京区正面通烏丸東入
郵便番号　六〇〇-八一五三
電話　〇七五-三四三-〇〇三〇（編集）
〇七五-三四三-五六五六（営業）

装幀　山崎　登
印刷・製本　亜細亜印刷株式会社

ISBN 978-4-8318-6594-6 C3015